KB080007

어느 날 남편이 죽어도 좋다고 말했다

어느 날 남편이 죽어도 좋다고 말했다

초판 1쇄 인쇄 | 2021년 8월 6일
초판 1쇄 발행 | 2021년 8월 17일

지은이 | 이상희
발행인 | 이승용

편집주간 이상지 | **편집** 김태희 이수경
마케팅 이정준 정연우
북디자인 이영은 | **홍보영업** 백광석
제작 및 기획 백작가
검수 나단

브랜드 센세이션
문의전화 02-518-7191 | **팩스** 02-6008-7197
홈페이지 www.shareyourstory.co.kr
이메일 publishing@lovemylif2.com

발행처 (주)책인사
출판신고 2017년 10월 31일(제 000312호)
값 14,500원 | **ISBN** 979-11-90067-48-5(13320)

네이버 포스트 [책인사] 바로가기

네이버 카페 [작가수업] 바로가기

나를 슬프게 하는 모든 것으로부터 삶을 지켜내는 법

이상희 지음

어느 날 남편이 죽어도 좋다고 말했다.

지금, 아무렇지 않은 척 살아가고 있나요?

"우리에겐 상처받지 않을 힘이 필요하다!"

센세이션
SENSATION
MAKE UP YOUR

차례

4. 나는 결혼하고 행복했을까

5. 흔들리지 않는 인생이 어디 있어

"오늘이 16일이 맞아요?"

아메리카노 한 잔 사려고 집 근처 커피숍에 들렀을 때, 방문자 명단을 작성하려던 찰나, 날짜가 15일이 넘어간 것을 보고 깜짝 놀랐다. "6일이 아니라, 16일이에요?" 재차 확인하고 있는데, 올해도 얼마 남지 않았다고 덧붙이는 사장님 말씀을 듣고서야 시간 가는 게 실감이 났다. 수능 다가오는 날짜가 빨라지고 있다는 건 해마다 느끼고 있었고, 아이들 깨울 때마다 이불 걷히면 드러나는 길쭉길쭉한 몸에서도 세월의 흐름을 인지하고 있었는데, 아무리 그래도 그렇지, 올해 내가 뭘 했다고 벌써 일 년이 지나간 거야, 라는 탄식이 절로 나왔다.

책을 쓰기 시작한 게 2019년 여름 끝 무렵. 올해 출간된 책에서 코로나 19에 관한 글을 읽을 때마다 '글이 이렇게 빨리 종이에 새겨질 수 있구나' 하는 감탄과 함께, 그럼 한 원고만 붙들고 있는 나는 '그동안 무엇을 한 것인가' 하는 생각을 떨칠 수 없었다. 퇴고를 들먹이기엔 직장 다니면서 글 쓰시는 분들도 많고, 아이들이 등교하지 않았던 초유의 사태를 탓하기엔 그 이전과 별반 달라진 게 없는 생활을 하던 나였다. 마침표를 찍는 시점이 길어질수록, 출간 여부를 묻는 사람이 늘어날수록, 글에도 유통기한이란 게 있다면, 보고 또 보기만 하다가 그 기한을 다 채우고 있는 건 아닌지 불안이 스며들었다.

뭔가 하고 있기는 한데, 그 '뭔가'가 숙성시킬수록 맛 좋은 결과로 나타난다는 보장이 없는 상태에서 '보관'만 하는 시간이 길어지다 보니, 자신감으로 부풀어 올랐던 내가 서서히 쪼그라드는 게 느껴졌다. 자꾸 '책 쓰는 자'로서의 인격을 행세하고, 스스로 불량 판정을 내린 말들을 그대로 유통하는 게, 자존감에 적신호가 켜진 것이다. 내가 글을 쓴 결정적 이유가 뭔데…. 이게 다

자동차 회사에 다녔던 알량한 경력을 내세우고, 내 것이 아닌 능력을 밑천 삼아 있어 보이는 척하는 나 자신이 미치도록 싫어서였는데…. 한동안 잠잠했던 '척'이 재확산 조짐을 보이기 시작하자, 나도 모르게 소리 없는 아우성을 터뜨리고 말았다. '아우~ 이상희!!!'

이쯤 되니 책을 쓰는 의도가 의심스러울 수밖에 없다. 작가가 되고 싶어서? 아니면, '나 글 쓰는 사람인데, 이래도 나 안 봐줄래?' 하는 과시욕으로? 시작 단계에서는 초고를 완성하느라 딴 생각이 파고들 겨를이 없었다. 그저 긴 호흡으로 한 글자 한 글자 수놓은 꼭지가 완성될 때마다 작은 성취감을 느끼며, 말로 나를 포장하려 드는 '습'은 걸러내고, 그 자리에 흔들리지 않는 중심을 세우려 부단히 노력했는데, 무엇이 나를 원점으로 돌아가게 하는지 바라볼 필요가 있어 보였다. 왜 자꾸 비방하고 싶은 누군가를 끌어들여 이야기를 갈무리하고, 진실 반 거짓 반인 말로 타인에게 가닿으려 하는지 역시. 말이 많아진다는 건, 곧 나 자신이 흔들리고 있다는 확실한 증거나 다름없기 때문이렷다.

여기까지 왔는데, 나 자신도 흡족하지 못한 예전의 상태로 돌아갈 수는 없었다. 초심으로 돌아가 처음의 마음을 기억하고, 인생 한번 바꿔보겠노라는 절실함을 되찾아야 할 때. 그즈음 아는 작가님으로부터 한 권의 책 선물이 도착했다. 정여울 작가의 《헤세로 가는 길》. 이 책을 보고 솔직하게 얘기할 수밖에 없었다. 소장하고 있는 책이라고, 이 안에 나를 세상 밖으로 끌어내 준 비밀이 숨겨져 있다고, 그건 「네 안의 특별함을 두려워하지 마」 글에 나오는 마지막 부분이었다.

"바로 지금이야. 바로 지금 날아오를 수 있어. 매일 '준비'만 하는 삶이 지겹지 않니? 지금이 바로 네 안의 가장 좋은 힘, 가장 강렬하고 아름다운 에너지를 끌어모아 영혼의 비상을 시작할 때야."

매일 준비만 하는 삶이 지겹지 않느냐는 말은 당시 내면의 꿈틀거림을 느끼면서도 뭔가 시도해볼 용기를 내지 못하는 내게 건네는 상냥한 일침이자, 그 후 오랫동안 뇌리에 맴돌며 '이제 좀 다르게 살아보자'라는 열망을 싹 틔운 씨앗 같은 말이었다. 그래, 거기서부터였다. 손에 잡히는 대로 책을 읽으며 긍정적 에너지를 많이 받기도 했지만, '그런데 당신들은 다 스펙이 좋잖아. 그러니까 해낼 수 있었던 거 아니야?' 하는 속삭임은 차단하고, 지방대 출신에 떳떳하게 내세울 만한 경력이라곤 '출산'이 전부인 나도 해낼 수 있다는 걸 보여주고 싶어진 게. '너도 하냐? 그럼 나도 한다'의 표본이 되고 싶었다고 할까.

보이는 게 다가 아님을 안다. '너에겐 이런 능력이 있어'라고 톡 건드려 끌어내 주는 사람, 그리고 여유가 없어서일 뿐이지 마냥 노는 것처럼 보인다고 해서 정말 아무런 능력이 없는, 쓸모없는 사람이 아니라는 사실. 그건, 십여 년간의 오랜 반백수 생활을 살면서 건진 사람을 보는 새로운 시각이었다. 주부로서의 삶을 등한시하고 놀이로서의 책 읽기를 한 시간을 부정하는 건, 현재의 나를 인정하지 않는 것과 같으니까. 그런 의미에서 이 글은 일 년 반이라는 지난한 시간을 통과한, 할 수 있다는 걸 보여주길 바랐던 나와의 약속 지킴이자, 이제는 당신 차례라고 보내는 편지가 될 듯하다.

1장。

얼굴에 난 잡티 좀 빼시죠?
(feat. 마흔 살 여자의 속사정)

나를 바꾸는 것이 세상에서 가장 어렵다.

매일 커피숍에서 책만 보며 타인의 성취를 부러워하는 삶에 몸부림칠 때는 언제고, 방향 없이 헤매던 나로 완전히 복귀했다. 연예 기사를 탐닉하며 화제성 있는 예능 프로그램을 찾고, 동영상 보며 사과 한두 개 먹다 보면 아이들이 1교시를 마칠 시간. 하루의 성패를 가르는 심리적 마지노선인 10시가 다가오면 마음에 경보음이 울리기 시작했다. '정신 차려! 지금 안 나가면 끝장이야!' 일단 집 밖으로 탈출해야겠단 신호가 접수되면 나가는 건 일사천리였다. 화장하는 데 걸리는 시간은 단 5분. 때론 그마저도 아까워 찍어 바르는 일을 생략하고, 손에 잡히는 대로 책 한 권 집어 들고 밖으로 나가는 발걸음을 서둘렀다. 비록 화장기 없는 추레한 모습이 지긋지긋할 때도 있지만, 아무렴 동영상으로 희석되는 시간의 밀도보다 더 께름칙할까.

책과 함께 밖으로 나오긴 했지만 중간중간 여행 사이트 들어가랴, 온라인 서점 출석하랴, 온전히 활자에 몰입하는 시간은 길지 않았다. 책 안으로 도피한 채 슬쩍슬쩍 바깥세상을 내다보며 숨바꼭질하는 느낌이랄까. 어느 순간, 독서를 하는 게 아니라 아직 다 넘기지 않은 책장을 붙잡고 마땅히 해야 할 일을 미루고 있다는 자각이 들었다. 내게 주어진 하루를 잘 보내야 한다는 마음과 달리, 다시 사회에 나가야 한다, 돈벌이를 해야 한다는 내면의 목소리를 외면할수록 마음 한구석이 공허해지고, 보잘것없는 일에 귀한 시간만 낭비했다. 마트에서 기간 한정 세일상품을 탐색하고, 일정 금액 이상 구매 시 증정되는 상품권에 집착해 당장 필요하지 않은 물건을 구매하느라 진열장 사이를 어슬렁거렸던 시간이 그 일례다. 그렇게 시간을 흘려버리다 보면 깊은 죄책감이 들면서도 때론 하루가 빨리 지나갔으면 하는 바람마저 들었다.

시작하는 게 어려워도, 손에 잡히지 않아도, 미루고 겉도는 상태가 괴롭다면, 하면 그만인데 왜 이렇게 목표에 집중하지 못하고 허송세월하는 걸까? 뭐가 두려워서 똑같은 일상이 반복되는 안전지대에 머물며 편안함에 취해 사는 걸까? 더는 인정받지 못한다는 느낌, 자신에 대한 불확신 사이에서 허우적거리기 시작하자 작은 일을 부풀려 마음의 병을 키우고 목표 의식이 느슨해지기 시작했다. 하지만 이대로 멈출 수 없었다. 하기 싫다는 저항감이 강하게 밀고 들어올수록 내가 있어야 할 자리에서 벗어나지 않겠다고, 마음의 문을 닫지 않겠다고 결심했다. 그러자 새롭게 시작할 힘이 생겼다. 내가 해야 할 일을 회피하지 않고 정면으로 마주하는 것, 단 한 줄이라도 글 쓰는 일만이 사소한 틀어짐에 흔들리지 않고 유연하게 나아가는 유일한 길이었다.

놓치고 싶지 않던 나의 꿈, 동시통역사

작가가 되겠다는 목표가 가슴에 들어오기 전, 오랜 세월 내 뇌리에 가득했던 꿈은 동시통역사였다. 반듯한 차림으로 공식 석상에 서서 통역하는 모습은 내가 상상하고 꿈꾸던 단 한 컷이었다. 그러다 어느 날, KBS 예능프로그램 〈해피투게더〉에 배우 이범수 씨의 아내이자 동시통역사인 이윤진 씨가 출연한 것을 보고, 더 이상 다른 이의 성공한 인생만 부러워하며 살 수 없다는 오기와 결심이 차올랐다. 그리고 그 길로 곧장 서울에 있는 통번역 입시학원에 문을 두드렸다. 그런데 한순간 불타오른 열정은 식는 것도 빨리 식는 것인지, 중국어 신문 기사를 읽고 해석하는 데 그치는 기초반 수업은 '왜 이 일을 해야 하는가', '내가 정말 원하는 일이 맞는가'에 대한 고민에 빠뜨렸고, 이런 고민은 나의 서툰 열정을 급속도로 냉각시켰다. 더 사실대로 말하자면, 수업에 적극적으로 참여할 실력이 부족해서 중국어의 입력과 출력이 매끄럽지 않다 보니, 열심히 하려는 의지도, 나태함을 이길 간절함도 순식간에 사라져버리고 없었다.

동시통역사 꿈은 일단 보류했지만, 제때 쓰이지 못한 에너지는 뭐라도 하지 않으면 견딜 수 없는 상태로 남아있었다. 그래서 교체 투입한 목표가 바로 어린이 중국어 강사 자격증이었다. 토요일 오전 10시부터 오후 5시까지, 창문 하나 없는 교실에서 본래의 꿈은 가슴에 묻고 쉽게 접근 가능한 것에 안주하니 배움이 즐거울 리 없었다. 돈 낭비, 시간 낭비, 에너지 낭비, 그야말로 총체적 난국에 빠져 '이대로 지속하는 게 좋을까'를 고민하는 사이 두 달의 시간이 어영부영 지나갔다. 한번 시작했으면 끝까지 해야 한다는 말을 누가 했더란 말인가. 아무것도 하지 않으면 아무 일도 일어나지 않는다고? 그래, 다 옳은 말인데, 한 가지 사실도 명심해야 한다. 내가 무엇을 할 때 자신감을 느끼고 만족스러운지 진지하게 고민하지 않은 채 아무 일이나 했다간 제대로 된 길을 찾기까지 텅 빈 영혼을 짊어지고 살아야 한다는 사실을. 결과적으로 민간 자격증을 따는 일은 서울 나들이 가는 구실에 불과했을 뿐, 출석만 잘하면 대부분의 수강자가 어렵지 않게 획득하는 일에서 그 어떤 성취감도 얻을 수 없었다.

실행, 그것만이 답이다

오랫동안 갈망했던 일을 손에서 놓아도, 시도하기 전에 말만 앞서다 끝나도, 내가 정말 원하는 일이 아니었다고 합리화하며 미련 두지 않았다. 그런데 책을 쓰는 일만큼은 마음의 양상이 다르게 흘러갔다. 글을 써야 한다는 인식이 팽배한 상태에서 미루고 회피하는 시간이 길어질수록 스트레스가 쌓였다. 과연 그것뿐이었을까. 오늘도 할 일을 못 했다는 자책감이 수면을 방해하고, 예민한 촉수가 사방으로 뻗쳤다. 가슴이 시키는 일, 작가가 되는 과정의 흐름에서 벗어난 순간, 마치 삶의 한 축이 크게 무너진 듯 휘청거리면서 곁에 있는 소중한 사람들마저 불편하게 만들고 있음을 직시해야 했다.

'아무도 나에게 관심이 없어', '아무도 나를 인정해 주지 않아' 스스로 만들어낸 비참함에 빠져 감정에 휘둘리는 날들이 얼마나 지났을까. 이제 그만 징징거리고 행동하라는 내면의 목소리가 들려올수록 불안한 마음을 어찌하지 못해 아이들의 작은 다툼에도 발끈하는 아슬아슬한 상태가 지속됐다. 설거지하던 밥그릇을 내리쳐 두 동강이 나고, 소리 지르며 집 밖으로 내몰자 아이가 무릎을 심하게 다치는 등, 화를 '정도껏' 내는 데 실패하면 반드시 그에 상응하는 대가로 돌아왔다. 일이 잘 풀리고 몸 상태가 좋으면 한없이 부드럽고 관대한 태도를 보이다가도, 뭐가 내 뜻대로 안 된다 싶으면 무턱대고 까칠해지는 성격이 불러온 자업자득의 법칙이랄까. 약간의 긴장만 놓아도 슬그머니 나타나는 이 증상은 좋은 책을 읽는 것만으로는 약이 되지 않았다. 실행, 그것만이 답이었다.

오늘마저 시작하지 않으면 더 깊은 나락으로 떨어지겠구나 싶은 순간 노트북을 들고 커피숍으로 나갔다. 딱 1시간, 단 몇 줄이라도 쓰는 걸 목표로. 그렇게 다시 시작하고 나서야 알았다. 내게 주어진 과제에 집중하는 것만이 불필요한 감정과 생각을 걷어내어 내 삶의 중심을 잡아준다는 것을. 아무리 꿈과 비전을 선명하게 그리고 바란다 한들 하루하루의 최선과 노력이 쌓이지 않으면 다음 단계로 넘어갈 수 없다는 것을. 결국, 나를 움직이게 하는 것도, 멈추게 하는 것도 '나'였다.

이제는
친구가 지겨워。

먼저 연락하지 않으면 안부를 묻거나 만나자고 하는 친구가 거의 없는데도 과연 내게 친구라고 할 만한 사람이 있는 걸까? 늘 혼자 짝사랑하는 느낌이 싫어서 연락 한번 해볼까 하던 마음을 억누르고, 보내다 만 문자를 지우고 있다 보면 새쭉해진 감정 사이로 쓸데없는 오기가 파고들었다. '네가 언제쯤에나 연락하나 두고 보자!' 그러면서도 눈길은 친구들의 변경된 프로필 사진에 머물러 있는 나 자신이 한심했다. 그래봤자 잊지 않고 연락을 주는 건 각종 할인, 이벤트 소식을 담은 광고성 메시지일 뿐, 반가운 이름은 좀처럼 나타나지 않았다.

식상한 대화가 지겨워

늘 혼자만의 시간을 자처하다 혼자 있는 시간이 지겨워질 무렵이면 습관적으로 주소록을 열고 만날 사람을 찾았다. 주저 없이 연락할 수 있는 친구라고 해 봐야 손가락으로 쓱 한 번만 밀어도 '홍' 씨 성을 가진 이에게 닿기에 오래 걸릴 것도 없었다.

하루는 친구를 만나러 군부대가 있는 동네로 향했는데, 사실은 친구와의 만남보다 친구에게 부탁해 놓은 군납용 주류 한 상자가 목적이었다. 우리가 나눈 이야기 중 절반 이상은 차지했을 그녀의 주변 인물에 관한 소식은 더는 관심의 영역이 아니었다. 내가 몸을 바짝 붙이고 귀 기울이고 싶은 대화는 서로의 꿈, 성장에 관한 것이지, 한 번도 만난 적 없는 인물들의 삶이 아니니까. 오랜만에 만나도 비슷하게 반복되는 대화가 싫증나서 '만남에 요구되는 최소한의 시간'만 채우고 있을 즈음 친구가 남편에 대한 서운함을 토로하기 시작했다.

"올해부터 군인연금 나오는데 남편이 연금은 자기 거라고 건드리지 말래" 순간 내 귀를 의심하게 했던 한마디. 부부관계가 오랜 가뭄에 단비 내리듯 하는 우리와 달리, 원만한 페이스를 유지하며 남모를 부러움을 사던 커플이었다. 그런데, 몸은 교류가 되는데 생각과 가치관에 분단의 선을 긋고 있는 모습이 어딘가 잘못되었다는 인상을 주었다. 외벌이 가정에서 가정경제를 책임지는 주체로부터 일방적 '손대지 마시오' 경고를 듣는 건 생각만 해도 자존심 상할 터. 그런 그들의 지속 가능한 힘이 어디에서 나오는 것인지, 궁금하지만 묻지 않았다. 중요한 건, 아무리 20년 지기 오랜 친구지만 이제는 남편, 시댁, 아이들 얘기를 제외하면 마주 보는 시간을 채울 적당한 대화 소재가 부족하다는 것이었다. 한때 웃고 떠들며 나누었던, '나'와 '너'에 관한 속 깊은 이야기는 다 어디로 간 것일까.

우정에도 유통기한이 있을까

오랜 친구들과의 만남이 마냥 즐겁지도, 재미있지도 않은 게 어제오늘 일은 아니다. 중고등학교를 같이 다닌 한 친구는 만나면 늘 "불러줘서 고마워. 너 아니면 만나자고 하는 사람이 없어"라는 말로 반가움을 표현하지만, 언제부터인가 오랜 친구로부터 전송받는 편안한 느낌은 딱 밥 한 끼 먹을 시간뿐이었다. 친구가 풀어놓는 동네 엄마와 있었던 시시콜콜한 일상 얘기가 길어질수록 일시 정지를 누르고 싶은 아우성이 들리고, 거기에 영어 교육에 관한 얘기가 더해지면 답답한 마음이 배로 가중되었다. 영어 유치원에서 시작해 방학 때마다 보내는 영어 캠프에 이르기까지, 그동안 배운 게 아까워서라도 학원을 그만두게 할 수 없다는 친구의 태도는 '그래서 지금 얼마나 잘하는데?' 하며 객관적 검증에 나서고 싶은 비딱한 마음을 자극했고, 서로의 생각 차이를 느끼며 소통의 벽을 쌓았다. 이는 새해 인사, 명절 인사를 꼬박꼬박 전한다고 허물 수 있는 것도 아니오, 가끔 만나 수다 떤다고 한들 이미 시들해진 우정의 유통기한을 연장할 수 있는 것도 아니었다.

내가 성장하는 만큼 인연도 변한다

시절 인연이라는 게 있다. 모든 사물의 현상이 시기가 되어야 일어난다는 것을 일컫는 불교 용어다. 이것은 친구도 마찬가지다. 한때 아무리 친했던 친구라도 인생을 바라보는 시선의 갭이 크거나 성장 속도가 맞지 않으면, 애써 어울리려고 노력해봐야 바다 위에 뜬 기름처럼 겉돌 수밖에 없다. 그나마 간직하고 있는 좋은 기억마저 빛바래지 않으면 다행이다. 그래서 이제는 내 마음이 진실로 원하는 만남이 아니라면, 굳이 밖에 나가서 시간과 에너지를 소모하지 않으려 한다. 늘 만나자는 말만 반복하고 적극적인 신호를 보내지 않는 관계는 흘러가게 놔두고, 한 층 더 성장한 단계에서 서로를 비상하게 만드는 '끌림' 있는 사람들을 만나는 것이다. 실제로 이런 이들을 만날 때에야 진정한 '나'로 존재하는 특별한 기분을 맛볼 수 있었다.

물론 나도 모르는 나의 학창 시절을 기억해 주고, 과거의 추억을 안주 삼아 얘기 나눌 수 있는 친구가 있단 건 감사한 일이다. 하지만 아무리 맛있는 반찬도 매일 먹으면 질리는 법. 외로움과 공허함을 친구로 채우려다 서로에게 질려 나가떨어지기 전에, 타성에 젖어있는 만남을 지양하고, 한 번을 만나더라도 서로에게 자극이 되고 기쁨이 되는 만남을 이루어가며 살고 싶다.

그러니 인연이 다한 사람 붙들어 매려 애쓰지 말고, 서운한 감정에 휩싸여 우울해하지 말고, 이왕이면 서로가 눈이 번쩍 뜨이는 만남이 되도록 자신을 성장시키는 데 공들여 보는 건 어떨까? 편안한 느낌에만 기대어 지루함을 견디기엔 더 높은 단계에서, 더 새로운 차원의 만남이 기다리고 있으니 말이다.

결국, 나를 움직이게 하는 것도, 멈추게 하는 것도 '나'였다.

몸이 찌뿌둥하니 마음도 슬프다。

하루를 여는 진정한 시작, 쾌변. 아침에 '화장실을 가느냐 못 가느냐'의 여부가 하루를 좌지우지한 지 인생의 절반에 가까운 시간이 흘렀다. 아침에 속을 비우지 않으면 금세 몸이 붓고 소화가 잘 안 돼서 매일 나의 자율신경계와 사투를 벌이는 게 일상이 되었다. '제발 변의를 느끼게 해줘!' 상황이 이렇다 보니, 아침 먹는 습관이야 어렸을 때부터 형성된 것이지만, 지금은 밀어내기를 위해서라도 거를 수 없는 일과가 되어버렸다. 하루 쌀 섭취량의 반 이상을 위장에 몰아넣고 사과 하나까지 챙겨 먹으면 기본 준비 완료. 여기에 아이스 아메리카노를 들이부어 장에 자극을 주는 게 속 편하기 위한 고육지책이 되었다. 그야말로 한 줄 해소를 위해 온 힘을 다하며 살았다고 해도 과언이 아니다.

속 비우러 밖에 나가는 여자

언젠가 KBS 예능프로그램 〈안녕하세요〉를 시청하다가 집에서 큰일을 못 보고 밤마다 나가는 남편을 둔 아내의 사연을 보며 실소를 터뜨린 적이 있다. 아내는 남편이 의심스러워 미행했다는데, 시간, 장소만 다를 뿐 내 얘기나 다름없었기 때문이다. 나 역시 커피로 장에 신호를 보내지 않으면 찌릿한 감각을 못 느끼니 때가 되면 밖으로 나가는 여자였다. 이런 고충을 얘기하면 "집에서 마시면 되잖아"라고 쉽게 얘기하는 사람들이 꼭 있는데, 소용없다. 이건 전적으로 신경성 변비라 온전히 혼자 있을 때만 가능한, 길고 지루한 사투이니까. 그래서 약속을 잡아도 오전에 만나는 일은 거의 없었다. 충분한 시간을 두고 여유를 가져야 신호가 오고, 속을 해소해야 오늘의 숙제를 끝냈다는 가뿐함에 긍정적인 에너지가 흐르니 말이다.

변비와 동고동락한 세월이 길다 보니, 올해 내 생일엔 나의 이런 지긋지긋한 족쇄를 잘 알고 있는 친구가 "이번 주 너의 속은 내가 비워주마" 하며 스타벅스 모바일 교환권을 7장이나 보내주었다. 누군가 단단히 효과 봤다는 제품 추천과 함께. 이렇게 인생의 목표가 쾌변이 전부인 듯 '장'에 어마어마한 에너지를 쏟아붓고, 배출 여부에 따라 컨디션이 변화무쌍해서, 나의 변비는 직접적인 영향권에 있는 남편에게도 지대한 관심사였다. "오늘은 해결했어?", "아니" 그런데 때론 버젓이 성공하고도 일부러 실패했다고 거짓말을 할 때가 있었다. 그래야 나의 다운 모드가 용서되고, 내 멋대로 행동할 수 있는 '불편한 자유'를 얻을 수 있으니까.

저도 노화가 시작되었습니다

몸 상태로 징징대고, 변비를 악용하는 걸 그만둬야겠다 다짐한 건 시어머니의 아프다는 하소연 덕분이었다. 젊은 시절, 집안의 기둥으로서 몸을 돌보지 않고 일하신 까닭에 성한 곳이 없으신 어머니는 늘 어디가 아프다는 말씀을 자주 하셨고, 매번 비슷한 듯 다른 얘기를 듣는 걸 나는 힘들어했다. 타인의 아픔을 이해하고 공감하는 정성이 부족한 내가 경청과 위로를 동시에 하는 착한 며느리를 연기하기엔 상당한 내공이 필요한 일이었다.

겪어봐야 비로소 알 수 있는 것들이 있으니, 시어머니의 "허리가 안 좋다", "무릎이 아프다"라는 얘기가 공감되기 시작한 건, 내 몸이 삐거덕거리기 시작하면서부터다. 1년 전, 둘째 아이 생일날 락 볼링장에 갔다가 볼을 내려놓는 순간 허리 좌측에서 대각선으로 가로지르는 강한 통증을 겪은 적이 있다. 한 걸음 내딛기도 힘든 상태에서 한의원을 찾아가니, 볼링은 이미 위태위태한 몸을 그저 톡 건드려 줬을 뿐이라고 했다. 문제는 허리뿐만이 아니었다. 허리가 호전되는 듯하면 무릎이 말썽, 무릎이 괜찮다 싶으면 다시 허리가 묵직해지는 악순환이 반복됐다. 자꾸 불편한 느낌을 의식해서 아픈 건지, 아니면 아프기라도 해서 무엇 하나 집중할 수 없는 시간의 틈을 메우기 위함인지 헷갈릴 정도였다.

자가 치유 능력을 기대할 수 있는 건 딱 30대 중반까지. 놔두면 괜찮아지겠지 생각하다간 고생은 고생대로 하고, 남편보다 병원 원장님들 만나는 시간이 더 길어질 뿐이다. 시어머니가 자주 하셨던 말씀, "너는 언제까지 젊을 줄 아느냐"는 응당 일리 있는 말이었다. 얼굴의 노화야 거스를 수 없는 숙명이라 받아들이니 1일 1팩 하는 정도로 만족하지만, 몸 컨디션만큼은 세심하게 관리하지 않으면 통증에 발목 잡히는 나이가 된 것이다. 그러고 보면 젊음 자체로 눈부시다는 건 '신체 건강 지수'가 높음을 의미하는 게 아닐까? 젊은이들은 축제의 현장으로 가고, 나는 한의원으로 가고. 그러니 시부모님의 하소연도 불평만 할 게 아니라 "저도 노화가 시작되었습니다. 같이 병원 가시죠" 하고 맞장구치면 될 일이었다.

다이어트는 평생 습관이다

운동센터에 가면 40대 이상 언니들이 입버릇처럼 하는 얘기가 있다. "아무리 운동해도 뱃살은 안 빠져", "나이 들면 가만히 있어도 살쪄. 이거 다 나잇살이야" 한때는 이것만큼 자신의 안 좋은 식습관과 게으름을 정당화하기 좋은 말도 없다고 생각했다. 뭐든 적당히 먹고 평소보다 더 먹었다 싶으면 그만큼 움직이면 되는데, 몸을 관리하려는 노력은 건너뛴 채 나잇살만 탓하는 게 '더 멋진 모습의 나'에 대한 포기선언으로밖에 들리지 않았다. 그런데, 이런 내게도 몸에 배신감을 느끼고 조금은 억울한 마음이 드는 시기가 찾아왔다. '먹은 건 별로 없는데, 출렁거리는 뱃살은 다 어디서 온 거지?', '맛있는 음식, 한입 더 먹으라며 양보도

잘하는데, 왜 몸무게가 더 느는 거야!' 탈의실 안에서 나뒹굴던 말이 현실이 되는 순간, 어쩔 수 없다. 먹을 땐 맛있게 먹고, 더 힘내서 운동하는 수밖에.

한때 70kg에 육박했던 내가 걷기와 줄넘기, 소식으로 건강하게 체중 감량한 후 20년간 유지할 수 있었던 것도, '내 삶에 과음은 있어도 지나친 과식은 없다'라는 소신을 지켰기 때문이다. 아이스크림을 먹더라도 100cal 정도의 스틱 바 종류를 선택하고, 과자도 양을 정해놓고 먹는 등, 뭐든 먹고 싶으면 먹되 적당히 배부른 상태의 기분 좋은 감각을 설정해 놓아서 식탐을 절제하는 게 어렵지 않았다. '맛있게 먹으면 0cal' 같은 유행어는 저세상 얘기. 먹으면 먹는 대로 살찌는 나 같은 인간에겐, 다이어트 보조제 판매대상 1순위의 영광을 재현하느니, 치킨 한 조각, 삼겹살 한 점 덜 먹는 자제력을 발휘하는 게 훨씬 수월했다. 그런 까닭에, 매번 '내일 저녁부터 굶어야지', '다섯 숟가락만 먹어야지' 하고 선언하는 남편에게도 하나 마나 한 다짐 그만두고 기초훈련부터 할 것을 거듭 권고했다. "적당히 먹고 밥숟가락 내려놓은 연습부터 해!"

어차피 내 건강은 내가 책임지는 것. 긴 병에 효자 없다는 말이 부모와 자식 간에만 해당하는 말일까? 부부간에도 마찬가지다. 아프다고 말해봤자 상대방이 내 고통을 알 리 없고, 병원 가보라는 말만으로 위로가 될 리 만무하다. 그럴 바에야 내 건강은 100% 내가 책임진다는 자세로 평소 몸 관리에 신경 쓰는 게 어떨지. 내 몸 아픈데 알아주지 않는다고 서러움을 토로한다 한들, 그 원망의 마음이 자신에게 이로울 리도 없지 않은가. 그래서 말인데, 남편이 삼겹살에 소주 마시고도 꼭 라면으로 입가심하려 할 때, 한두 번은 만류해도 굳이 잔소리하며 말리지는 않는다.

'네가 살찌지, 내가 살찌냐?'

완벽,
내가 만들어낸 단단한 '벽'.

'뭐라도 준비하고 싶은데, 뭘 하면 좋을까요?'

온라인 카페에서 시도 때도 없이 올라오는 질문을 마주할 때마다, '내 인생도 갈피를 못 잡겠는데, 네가 뭘 하면 좋을지 어떻게 알아?' 하는 의문이 스쳐 간다. 누군가 '읽을 만한 책 좀 추천해줘' 할 때의 난감함과 마찬가지. 책이라면 만화와 소설이 전부인 친구에게 자기계발서 스테디셀러를 선물한다 한들 '나에게 꼭 필요했던 책이야!' 하는 감동을 전할 수 있을까? 온갖 핫 플레이스와 맛집 정보는 잘만 검색하면서 정작 자신에 대한 탐구는 남에게 의뢰하는 사람들. 마냥 무기력해지는 삶에서 벗어나 뭐라도 하고 싶은 마음은 알겠는데, 그 선택이란 게 내면의 목소리에 기반한 것이 아닌, 그저 미리 준비해 두면 좋다는 분위기에 휩쓸려

모두가 똑같은 자격증을 따고 비슷비슷한 노력을 기울이는 게 안타깝다.

방향 없는 노력은 시간 낭비일 뿐

자기 인생의 진로를 설정하는 과정에서 적극적인 행동을 취하는 자세는 바람직하다. 하지만, 자신의 적성은 고려하지 않고 눈에 보이는 선택지 중에서만 고르려 하다 보니, 투자한 시간과 금액이 적정한 가치로 환산되는 걸 목격하기가 쉽지 않다. 실컷 고생해서 운전면허증을 따놓고 장롱 면허로 전락시키는 것과 마찬가지. 나도 예외는 아니었다. 그저 전공인 중국어에만 얽매여 새로운 길을 모색하려는 노력은 하지 않았고, 애써 중국어 원서를 읽고 필사까지 하며 공부했지만 써먹지는 않으니 늘 답보 상태였다. 인생을 좀 더 의미 있게 보내고 싶고, 가치 있는 것들로 채우고 싶은 마음이 나를 일으켜 세웠지만, 목적과 방향 없이 노력하는 '척'만 하는 공부가 나를 성장시키지는 못했던 것이다. 되려 늘 준비만 하는 나와 달리 각자의 분야에서 꾸준한 성취를 이루어가는 지인들과 비교하며 내적 결핍감만 키우고 있었다.

세상에 당당히 발 딛고 싶으면서도 막상 도전하려고 하면 검색 단계에서부터 식어버리는 열정. 포기도 습관이라고 누가 말했던가. 행동은 하지 않고 생각만 비대해지는 굴레에 빠져들수록 거짓된 정체성을 덧입고 살았다. 가장 후회되는 건, 남들은 돈 벌고 있는 시간에 혼자 도태될 수 없다는 심리적 압박이 가장 행복했어야 할 시간을 집어삼켰다는 것이다. 돌도 안 지난 어린아이를 가정 어린이집에 맡기고 헤매느라 처음 엄마라고 부른 순간도, 첫걸음마를 뗀 순간도 흐릿하기만 하다. 당시 기껏 했던 일이라곤 커피숍에서 영어신문, 영어원서를 보는 게 다였다. 그 많은 영어 활자들이 머릿속에 콕콕 박혔으면 회한이나 덜 하련만, 여전히 《Try again! 필수 영단어》 책을 붙들고 있어야 할 만큼 생존 영어에서 벗어나지 못하고 있으니, 나는 무엇을 보고, 무엇을 읽고 있었던 것일까?

사랑한다면, 강박을 내려놓아라

시간을 알차게 보내는 것과, '지금'에 충실하단 건 비슷해 보이지만 엄연히 다른 얘기이다. 가정주부의 일상에 매몰되지 않기 위해 본업은 주로 아이들이 집에 있는 시간으로 미루고 낮엔 최대한 나를 위한 시간을 가지려고 노력했다. 오전에는 책 보고, 집중력이 흐트러지는 오후에는 운동으로 에너지 생성, 피곤하고 졸려도 할 수 있는 집안일은 마지막 라운드에 두는 패턴. 하지만 이렇게 시간을 탄력적으로 사용하려고 애써도 하루를 기쁘게 마무리하는 느낌은 들지 않았다. 시간에 대한 강박감이 심해질수록 정작 내가 관심 두어야 할 것에서는 멀어지고, 이미 지나가버린 평범한 일상에 대한 후회가 쌓여갔다. 아이 눈가의 상처가 가볍지 않았음에도 불구하고, 그저 매일 피부과 가는 시간이 아까워서 '아이니까 금방 낫겠지' 하며 방치했던 어리석음이 그랬고, 사랑하는 이들을 더 여유롭게 기다리고 지켜봐 주지 못했던 모든 순간이 그랬다.

시간에 대한 강박증은 부모, 남편, 친구와의 관계 맺기에도 적지 않은 영향을 끼쳤다. 결혼 전이나 후나, 집에 있으면서 마냥 뒹굴거리는 시간을 견디지 못해 몇 명 저장돼 있지도 않은 주소록을 훑어보며 만날 사람은 찾아도, 부모님 모시고 여행을 간다거나 서로 특별할 것 없는 일상을 나누는 일에는 무심한 편이었다. 오죽하면 나에게 유목민 DNA를 물려준 아빠마저 한마디 하실까? "너는 누굴 닮아서 그렇게 돌아다니냐?" 그런데 나는 이 말을 듣고서야 오랜 세월 감추어져 있던 아빠의 본심을 들을 수 있었다. 평생 잔소리로만 여겼던 일찍 들어오라는 말은 '우리 딸과 같이 있고 싶다'라는 마음의 표출이었는데, 밖으로만 겉도느라 자식과 함께하고픈 부모님의 마음은 헤아리지 못했다.

시간을 아끼려고 허둥댈수록 소원해져 가는 건 부모님과의 관계만이 아니었다. 집에 들어오는 순간부터 숨 쉬는 모든 시간을 아이들과 함께하는 남편이 있으니, 점점 '아이들과 놀아주는 건 남편 몫'이라는 인식이 장착되어 슬그머니 집 밖으로 빠져나가는 날들이 늘어났다. 온 가족이 오순도순 모여앉아 있는 그림은 저녁 식사 시간에 한정된 특별판 같은 일이었다. 과일 먹을 때도 나는 따로였다.

무한한 자유를 허용하는 것. 남편으로선 그게 나에 대한 배려이자 사랑의 표현이었는데, 마땅히 감사해야 할 일이 당연한 권리로 굳어지면서 화합이 아닌, 분리를 향해 나아가고 있었다. 이를테면, 남편과 아이들이 잠들어 있어야 할 시간에 자꾸만 내 앞에 출몰해서 나의 시공간을 침범하려 들 때면 한껏 날카로워진 눈빛을 발사하는 것이다. 차가운 시선과 냉랭한 분위기를 감지한 남편은 자발적 소파 포기를 선언하고, 더는 나란히 앉아

TV 보는 모습을 연출하지 않았다. 그런 그도 자기만의 시간을 보낼 유익한 방법을 찾았으니, 이어폰 꽂고 스마트폰으로 영화 보기. 자는 줄 알고 방에 들어갔다가 어둠 속에서 스마트폰 하나 달랑 들고 누워있는 걸 보면 왠지 짠한 마음이 들다가도, 현재의 생활 리듬에서 벗어나고 싶은 마음은 들지 않았다. 이러니 무슨 불타는 밤인가! 내 시간을 지키려고 애쓸수록 부부관계는 건조해지고, 남편은 핸드폰 속으로 멀리 달아나버렸다.

시간을 다스리는 완벽한 방법

나의 시간을 철저하게 수비하면서까지 얻으려 했던 건 무엇일까? 친구들과의 연결을 원했지만 누구에게도 편안한 사람이 되어주지 못했고, 가족으로부터 인정받고 사랑받는 사람이 되고 싶었지만, 내가 만든 히스테리의 굴레에 갇혀 감사로 가득한 삶임을 알지 못했다. 도움의 손길을 바라는 지인에게 돈을 빌려주는 건 어렵지 않다. 자신도 어려운 형편에 무리하게 대출하면서까지 돕는 행위는 지양해야겠지만, 통장에 여유가 있고 신용만 확실하다면 까짓거 계좌이체 하는 5분만 투자하면 된다. 하지만 당장 하고 싶은 일을 내려놓으면서까지 친구와의 약속을 지키고, 부모님의 얘기를 들어드리고, 아이들과 소소한 일상을 함께 하는 데 필요한 '시간'이라는 자원을 내어놓는 건 단단한 결심이 필요한 일이었다.

인생의 여정을 길게 놓고 보았을 때, 더 나은 삶으로 도약하기 위해 갈고닦는 시간은 분명 중요하다. 하지만 아무런 목적과 의미 없이 시간 때우듯 하는 취미생활을 노력으로 치장하고, 정작 소중한 것들을 놓쳐서는 안 될 일이다. 어느 날, 엘리베이터에서 마주친 옆집 아저씨가 "남편분이 아이들과 놀아주는 거 보면 부러워요. 저는 아이들 어렸을 때 같이 못 놀아줬어요"라고 얘기하신 적이 있다. 그러고 보면 남편이라고 자기계발을 게을리한다거나 향상심이 없는 사람이 아닌데, 가족의 부탁이라면 절대 마다하지 않고 자신의 에너지를 나누어주는 그를 떠올리며 새삼 느끼는 바가 컸다. 사랑하는 사람들과 함께 있는 순간에는 시간을 헛되이 보내면 안 된다는 강박, 해야 할 일 리스트를 내려놓고 온전히 빠져들어야 한다는 사실을…. 이것이야말로 바둥거리고 애쓰지 않아도 살아있는 가치와 행복을 누릴 수 있는 완벽한 방법이었음을, 수많은 날을 '나 혼자' 보내고 나서야 알게 되었다.

시간을 알차게 보내는 것과, '지금'에 충실하단 건 비슷해 보이지만 엄연히 다른 얘기이다.

나이 40에도
멘토가 필요해。

겉으로 보기엔 안정되고 평화롭게 흘러가는 듯 보이던 우리 집에 서로를 낯설어하고 밀어내는 기운이 팽배하던 시기가 있었다. 아니, 마치 평화는 내게 안 어울리는 옷이라도 되는 듯 일부러 불편한 상황을 만들어 냈다고 하는 게 맞겠다. 평온한 날들이 이어질 때면 한 번은 부딪혀야 할 것 같은 이상한 기류. 때 되면 찾아오는 시베리아 찬바람과 달리, 남편과 나 사이에 스며드는 냉기는 자연발생적이라기보다 의도적인 것에 가까웠고, 어색한 마주침을 피해 밖으로 나돌다 보니 '집'이라는 공간은 그저 잠자는 곳에 지나지 않았다. 자극과 변화가 절실하던 때, 뜻밖의 기회는 우연에서 시작되었다.

교보문고에서 시작된 인연

어느 날, 교보문고 강남점에서 자기계발 코너를 둘러보고 있을 때였다. 눈은 책을 바라보고 있는데, 저 멀리서 어딘가 남다른 기운이 다가오고 있는 게 느껴졌다. 마치 횡단보도를 건너듯 거침없이 직진한 신사분이 손에 집어든 건 다름 아닌 부동산 책. 사람에 대한 호기심이 충만한 내가 그냥 지나칠 리 없었다. '이 사람이다!' 하는 직감이 오면 자연스럽게 다가가는 게 나의 장점이었다. 신사분의 간결하고 단호한 동작에 끌려 "저…, 그 책 괜찮아요?" 하고 여쭤본 게 한 시간에 이르는 대화의 마중물이 되었다. 나중에 알고 보니 S그룹 계열사에서 CEO를 역임했던 분이었는데, 자본주의 시대 경제의 흐름을 어찌나 쉽고 명쾌하게 설명해 주시는지, 회사에서 살아남을 수 있었던 인생 스토리와 어우러져 잘 연출된 한 편의 강의를 듣는 것 같았다. '역시 내가 사람 보는 눈은 있구나….'

언젠가 이 얘기를 지인들에게 했을 때, 다들 한결같이 하는 말이 있었다. "《어떻게 원하는 것을 얻는가》라는 책을 보는데 딱 네 얘기야", "나는 돌파구가 필요해도 어떻게 해야 할지 잘 모르겠는데, 너는 너한테 필요한 사람을 잘 찾는 것 같아"라는 일련의 말들.

그런데 당시의 내 모습을 떠올려 보면, 이상과 현실의 간극 속에서 몸부림치는 여자가 할 수 있는 일이 그것 말고 뭐가 있었을까 싶다. 생각만으로야 한 번쯤 해보고 싶은 일, 잘 해낼 수 있을 것 같은 일은 많은데, 막상 시도하기엔 귀찮고 자신 없으니 책 속으로 도피할 수밖에. 그 과정에서 인상 깊게 읽은 책이 있으면 저자에게 메일을 보내고, 관심 있는 강연이 있으면 거리가 멀어도 찾아가는 등, 마음이 이끄는 대로 한 발짝 움직였을 뿐이다. 하지만 아무리 그들에게 비상하고 싶은 마음을 투사하고 조언을 구해도 내가 노력하지 않으면 변하는 건 없었다.

인생 스승과의 만남

교보문고에서 만난 신사분의 경제 특강은 그날 그분이 집으셨던 책에 다 나와 있는 내용이었다. 분명한 건 '이 책 진짜다. 대필이 아니다!'라는 확신. 그렇게 내가 읽은 책은 남편에게도 전해졌고, 남편 대하는 게 분리수거하러 나온 이웃집 남자한테 인사하는 것보다 못하던 시절, 책에 적혀 있는 메일 주소로 상담 신청서를 보냈다. 실제로 상담 날짜를 잡기까지는 몇 번의 주저함이 있었다. 100만 원이 넘는 상담료가 그 이유. 단 한 번의 상담으로 통장에 남은 잔액이 상가건물로 바뀌고, 가정주부가 커리어 우먼으로 도약할 거라고 기대한 건 아니었다. 하지만 우리에겐 고액의 상담료를 지불하고서라도 그냥저냥 흘러가는 삶의 흐름을 끊어 줄 구원투수가 절실히 필요했다.

다소 놀라웠던 건 남편의 선택이었다. 그간 남편의 씀씀이가 대범하지 못하다 여겼었는데, 목돈이 드는 상담에 선뜻 응하는 걸 보면서 당신도 많이 힘들었구나, 하는 애틋한 마음이 올라왔다. 먼저 물어봐 주지 않으니 말하지 않았을 뿐, 남편에게도 쳇바퀴 도는 삶에서 벗어날 돌파구가 필요했던 것이다.

상담 자리에서 부동산, 투자에 관한 얘기는 전혀 없었다. 누군가는 본전 생각하며 투자할 만한 지역이라도 알아내려고 혈안이 되겠지만, 아니다. 정말 중요한 건 상대의 성공 마인드를 흡수하고 변화를 이끌어낼 초석으로 삼는 일이었다. 어차피 모든 기회는 사람에게서 나오는 법. 우리가 원하는 것 역시 투자 가이드가 아니라 인생을 올바른 방향으로 리드해 줄 사람, '멘토'를 만나는 것이었다.

대화는 시종일관 편안했고, 대표가 강조하는 태도에 관한 메시지에서 평소 내가 지닌 가치관과 일치하는 항목을 발견할 때마다, '그동안 잘못 살아온 게 아니야', '나도 성공할 수 있는 싹수가 있어' 하는 자기만족과 확신이 채워졌다. 게다가 똑같은 말이라도 누가 하느냐에 따라 마음의 울림이 달라질 수밖에 없는 남편에게는 대표와의 만남을 계기로 대반전이 일어났다. 아침마다 긍정과 확언의 말을 외치고, 책 읽는 습관까지 들이기 시작하니 사람의 '기'가 180도로 달라진 것이다. 상상이나 했을까. 열심히 사는 젊은 대리기사에게 팁을 주는 인간으로 멋지게 업그레이드될 거라고. 이때부터였던 것 같다. 비 온 뒤에 땅이 굳듯 함께 성장하고자 하는 향상심에 뿌리를 두고 정서적 재결합을 하게 된 것이. 사소한 일로 대치해 놓고 툭하면 이혼을 떠올리는 마음 습관을 정리한 것도 이 시기였다.

삶의 가장 큰 자산, 멘토

이쯤에서 문득 드는 생각인즉, 아이들 때문에 못 헤어진다는 말은 과연 진실일까? 서로에 대한 애정, 관심이 삭제된 채 생기 없는 존재들의 마주침이 계속된다면, 아이들만으로 정상적인 부부 생활이 가능할까? 가장 많은 시간을 함께하는 사람한테 배우고 존경할 만한 구석이 전혀 없다면, 멀어져 가는 마음을 무엇으로 붙잡을 수 있을까. 그런데 많은 사람이 내 현재의 모습은 바라보지 않고 남편 또는 아내의 부족한 점을 탓하고, 자신의 의식 수준은 점검하지 않은 채 그저 일이 안 풀린다고만 여긴다. 이럴 때 삶의 태도와 가치관에 경종을 울려주는 게 멘토의 존재다. 진실을 말하는데, 잘 만난 멘토 한 명 아파트 상속 안 부럽다. 숱한 인생 경험을 토대로 나도 모르는 내 가치를 발견해 주고, 스스로 삶을 개선하고 이끌어갈 힘을 주는 게 멘토의 역할이니까. 그러니 배우는 일에 돈 앞세우지 말고, 사람을 얻는 일에 정성을 아끼지 말자.

2장.

감정을 처리할 시간이 필요합니다

(feat. 밑바닥 감정과 마주하기)

누구에게나
잊고 싶은 과거가 있다。

"언니, 누가 그런 얘길 하더라고요. 칼로 손목을 긋는 것만 자해가 아니라고요. 저는 자해를 하고 있었던 거예요"

얼마 전 지인 언니를 만나서 드디어 꺼내놓은 얘기, 나의 '과오'에 관한 것이었다. 이미 마음의 준비는 되어있었다. 언젠가 이 얘기를 가장 가까운 이에게 고백하기 위해 흘리고 다녔으니까. 입을 떼는 게 어렵지, 한번 꺼내기 시작한 부끄러운 기억들이 어두운 조명 아래서 나지막하게 쏟아져 나왔다. 치부를 들춰낸다 해도 색안경 끼고 바라보지 않을 안전한 사람이라 가능했다. 하지만 이 이야기를 꺼내놓기까지 7년이란 시간이 필요했음을, 그사이 셀 수 없는 내적 파괴를 겪어야 했음을 설명하려면 얼마나 더 많은 밤이 필요할까? 가지 말아야 할 길, 해서는 안 될 일에 빠져든 순간에는 미처 몰랐다. 앞으로 이 일이 내 삶을 어떻게 갉아먹을지….

나는 내 안의 범죄자를 막지 못했다

시작은 네이버 카페 중고나라였다. 아이에게 줄 원목 장난감을 중고로 구매하고 택배로 받아본 날, 포장을 뜯는 순간 터져 나오는 분노를 참을 수 없었다. '이걸…, 7만 원 주고 구매한 거야?' 거래할 당시 가족과 함께 순천으로 여행 가는 길이라 좀 더 신중하지 못했던 게 화근이었다. 판매자 물건을 대량으로 구매하면 좀 더 에누리하거나 덤이 있을 거란 기대감도 조급함을 부추겼다. 하지만 뒤늦게서야 인터넷 검색을 했을 때, 조금만 더 보태면 다양한 구성의 새 상품을 살 수 있었다는 사실을 알게 되자, 불현듯 마트로 가야겠다는 생각이 들었다. 무엇으로든 내가 손해 본 만큼 보상받아야겠다는 어긋난 양심과 함께.

돌이켜 생각해보면, 판매자에게 전화해서 반품을 요청하거나 다소 손해 보고서라도 재판매를 할 수 있는 문제였는데, 어디서 그런 욕구가 분출되었던 것인지…. 그런데 이런 일이 처음은 아니었다. 초등학교 저학년 때, 아파트 단지 내에 있는 문방구에서 지우개 같은 자잘한 물건을 가져오기도 했고, 위층 친구네 집에 놀러 갔다가 거실에 있던 친구 지갑을 들고나온 게 들통나 땅바닥에 묻은 적도 있다. 그렇다. 나는 까칠하고 예민하긴 해도 겉보기에 큰 문제가 없는 보통 사람들의 얼굴을 하고 있었지만, 한순간을 계기로 옳지 않은 일에 발 담글 수 있는 죄의 본성도 지니고 있었다. 문제는 이 한 번의 실수가 연이은 범법 행위의 시발점이 되었다는 사실이었다.

○○문고 스캔들

"언니, 저 ○○문고에서 책 편하게 산 지 얼마 안 됐어요. 그전에는 직원이 이상하게 쳐다보기라도 하면 모니터에 무슨 글씨라도 뜨나 싶어서 긴장했거든요"

타인의 재물을 탐하기 시작한 건 서울행 왕복 교통비에 대한 보상심리였다. 수도권에 살 때는 집 앞에서 버스비 2,000원만 내면 가능하던 서울 나들이가 지방에 살면서 무려 10배나 뛴 것이다. 발길을 줄이자니 좋아하는 모든 것들이 서울에 있고, 자주 가자니 교통비가 부담되었다. 그리고 그러한 스트레스는 고스란히 책을 훔치는 행위로 이어졌다. 딱히 읽고 싶은 책을 가져온 것도 아니었다. 그저 빨리 오늘의 교통비를 만회해야겠다는 생각밖에 없었다. 지금 생각하면 어쩜 그렇게 어리석을 수 있었나 의아하기까지 한데, 사실은 나 자신을 남편이 벌어다 준 돈으로 편하게 사는 여자라 정의하고, 벌지는 않고 소비만 일삼는 삶에 대한 죄책감이 깊게 작용하고 있었다.

일곱 살 꼬맹이도 알 만한 속담, “꼬리가 길면 밟힌다”라는 말은 사실이었다. 아무리 남모르게 한다고 해도 일정 기간 반복되면 결국엔 들키고 마는 법. 한적한 시간대에 나타나서 코너를 옮겨 다니며 책을 집고 있는 여자가 수상해 보이는 건 당연했다. 계산대에서 단 두 권의 책만 계산을 마치고 봉투에 서너 권을 더 담아 출구로 나설 때였다. “잠시만요” 하는 소리에 단단히 얼어붙은 나. 걸렸다. 날카로운 눈매를 가진 보안원은 나를 조용히 지하 사무실로 따라오게 했다. 그때 그가 쏘아 올린 잊지 못할 한마디. “이런 방식이 더 악질입니다” 내가 무슨 할 말이 있겠는가. 그저 시키는 대로 신상정보를 적고 “이 기록은 ㅇㅇ문고뿐만 아니라 다른 서점과도 공유될 것입니다”라는 경고를 듣는 것으로 마무리되었다.

무섭거나 불안에 떨지는 않았다. 다만 나 자신에게 실망스러워 견딜 수 없었다. 수치스러웠다. ‘이 정도밖에 안 되는 인간이니? 네가 뭐가 부족해서 이런 짓을 하고 돌아다니니? 아이들 보기 부끄럽지 않니?’ 하지만 한편으로는 안도의 한숨을 쉬었다. 감사했다. ‘다행이다. 만약 이번에 걸리지 않았으면 나는 얼마나 더 잘못된 길로 가고 있었을까? 얼마나 더 망가지게 됐을까?’ 이 일을 계기로 절도 행위를 끊을 수 있었지만, 영혼에 새겨진 주홍 글씨마저 지울 수는 없었다. 커리어 우먼의 역할 연기를 마치고 ‘진짜’가 되고 싶어도, 혹여나 성장의 길목에서 내 과거를 들추어내는 이를 만날까 두려운 마음에 타인의 성취만 바라볼 뿐 정작 나 자신의 발전은 깊이 욕망하지 못했다.

그나마 다행인 건, 어떤 경험도 버릴 게 없다는 사실이었다. ㅇㅇ문고에 가면 내 과거가 지워지지 않는 흔적처럼 남아있었고, 수시로 그 시절의 어리석음을 반추해 보는 장소가 되었다. 사람을 바라보는 시선도 확연히 달라졌다. 식당에서 서빙하고, 마트에서 근무하는 한 분 한 분이 다 위대해 보였다. 열심히 아르바이트하는 어린 친구들을 볼 때면, '너는 네 손으로 직접 밥벌이를 하는구나….' 하는 생각에 서글프기도. 때론 어디선가 지난날의 나처럼 옳지 않은 행동을 하는 사람을 목격할 때면, 무작정 비난하고 욕하기보다 '당신도 마음이 아프시군요'라고 위로하는 마음이 울렁였다. 내 잘못을 인정하고 받아들이자 타인을 섣불리 판단하지 않는 태도가 생긴 것이다.

이젠 과거를 인정하려 해

지금까지의 얘기를 꺼내놓을 수 있었던 시작은 오랜 친구와의 대화였다. 스타벅스에서 아침 회동을 하던 어느 날, 친구가 딸을 주먹으로 때렸다는 말을 꺼내며 괴로운 낯빛으로 나를 바라볼 때였다. 그 순간 나도 모르게 내뱉은 한마디. "나는 이런 짓도 해봤어!" 그동안 속 시원히 얘기하고 싶어도 오랫동안 숨기느라 마음을 짓눌렀던 일들이 친구에게 고백함과 동시에 개운하게 빠져나갔다. 그냥 흘려보내면 안 되냐며 내 잘못을 감싸 안아주고, 내가 어떤 일을 했건 나를 믿는다는 친구 덕분이었다. 그리고 바로 그 힘으로 평소 존경하는 선생님께 나의 죄를 편지로 고백할 수 있었다. 오랫동안 머뭇거리기만 하다가 꺼내지 못했던 그 이야기를.

용서를 구하고 다시는 같은 실수를 하지 않으면 된다고 하지만, 그저 다른 사람에게 "저 이런 여자예요"라고 밝히는 것만으로는 트라우마를 지울 수 없었다. 아이가 학교 운동장에서 팔찌 하나를 주워와 건넸을 때 "누가 잃어버리고 속상해할 수 있으니까 학교에 맡기자"라고 말하기보다 '앗싸, 돈 벌었다'라는 생각이 먼저 드는 걸 보면, 과연 내가 정신 차린 게 맞는지 의심이 들 때가 있는 것이다.

아는 작가님들과의 독서 모임에서 과오 얘기를 꺼냈을 때, 한 작가님은 이런 말씀도 하셨다. "공소시효는 지난 거죠?" 솔직히 잘 모르겠다. 그 시점이 정확히 언제인지 기억나지 않고, 내가 저지른 일을 정면으로 마주할 자신은 없었으니까. 확실한 건, 공소시효가 지났든 안 지났든 지난 잘못을 완전히 삭제할 수는 없을 거란 사실이다. 누구에게나 잊고 싶은 과거가 있고 실수할 수 있지만, 그 과거를 가슴에 새기고 성장 동력으로 삼아야 하는 것도, 지난 실수를 잊지 않고 스스로 바로 서려는 노력을 멈추지 않는 것도 내게 남겨진 과제이니까.

그 과거를 가슴에 새기고 성장 동력으로 삼아야 하는 것도,
지난 실수를 잊지 않고 스스로 바로 서려는 노력을 멈추지 않는 것도
내게 남겨진 과제이니까.

따뜻한 위로
좋아하네。

명절 연휴 끝에 떠나려던 여행을 포기하고 마음이 싱숭생숭하던 어느 날, 오랜 친구 한 녀석이 "아이들 학교 갔니? 날씨가 대박이다!"라고 보낸 문자에 마음이 설레서 즉흥 여행을 제안했다. 하지만 20년간 누적된 데이터에서 벗어나지 않는 말, "주말에 일정 있어", "이번 주에 시댁 가야 해" 같은 예상 가능한 답안에 이내 실망하는 마음과 함께 비꼬는 말을 실어 보냈다. "삶에 즉흥성이 없으면 사는 게 너무 밋밋하지 않니?" 매사 마음이 끌리는 대로 사는 나와 달리 늘 정해진 틀 안에 사는 친구가 답답해 보여 건넨 말이었는데, 실상 내 조화롭지 못한 마음 상태를 반영한 말이나 다름없었다.

진정한 공감이 필요해

친구의 응어리진 마음을 건드렸던 걸까. 친구는 몇 년째 틱장애가 있는 딸의 치료에 매달려 있는 현실을 토로했다. 아이를 치료하려고 수영장을 비롯해 여기저기 데리고 다니느라 수고하는 건 알고 있었지만, 그러한 일상이 비전을 품고 개인적 성취를 이루는 데 얼마나 성가심이 될지는 감히 공감하지 못했다. 그래서 친구가 아픔으로 내뱉는 "너도 내 상황이라면 나와 같았을 거야" 라는 말들도 안주하는 삶에 대한 변명으로밖에 들리지 않았다. 늘 그렇듯 말실수는 나 자신도 무슨 말을 하는지 모를 때, 텅 빈 영혼이 자만으로 차 있을 때 나오는 법. 결국 해서는 안 될 주제 넘은 얘기를 꺼내고 말았다. "네 힘듦을 별거 아닌 거로 느껴지게 만드는, 다양한 사람들을 만나봐"

해 놓고 후회할 말은 뭐 하러 꺼내서 마음을 괴롭히는지. 어쭙잖은 문장을 보내놓고, 곧이어 문자로 차곡차곡 쌓이는 친구의 심정을 읽으며 적당한 말을 고르느라 바로 답문을 할 수 없었다. '나는 내 갈 길을 찾아 걸어가고 있는데, 너는 언제까지 아이에게만 얽매여 제자리걸음하고 있을 거니'라고 속삭이는 마음이 들킨 것 같아 부끄러웠다. 오롯이 고요 속에 머물고 싶은 순간 잠자던 아이가 방문을 열고 나오기만 해도, 나를 찾는 전화가 수시로 걸려오기만 해도, 심지어 먹을 때 건드리기만 해도 바짝 예민해지는 내가 할 말은 아니었다. 그저 미안하다는 말밖에 할 말이 없었다. 대화가 예상치 못한 방향으로 흘러간 건 그때부터였다.

"너의 밝은 에너지에 힘도 얻고, 나는 용기 내지 못하는 일을 해내는 너를 보면 부럽지만 대리만족을 느끼곤 해. 무엇보다 내 친구 상희는 그 어떤 말도 다 들어줄 수 있는 상대라는 거. 그것보다 더 좋은 게 있을까?"

나를 한없이 낮아지게 만들었던 친구의 때아닌 고백. 늘 친구의 말과 말 사이, 빈틈을 파고들어 개인적인 생각을 나열하기 좋아했던 내가 듣기엔 과분한 말이었다. 과연 내가 누군가의 인정을 받을 만큼 내 곁을 내어주고, 상대방의 말을 온전히 귀담아들은 적이 있던가? 나의 삶과 동떨어진 얘기가 길어지면 눈빛과 몸짓으로 말을 자르고, 진정성이 모자란 말로 힘든 사람을 더 힘들게 만든 건 아닌지…. 굳이 답을 내려고 애쓰지 않아도 책망하듯 들려오는 목소리가 있었다. '그렇게 행동하면 상대방이 눈치채지 못할 거라고 생각하는 거지? 다 착각이야!'

마음의 온도를 식히는 위로

모국어로 소통한다 한들 진심과 배려가 담긴 언어를 나누는 게 얼마나 어려운 일인지 삶 곳곳에서 발견하곤 한다. 들어봤자 공감도 안 되고 되레 마음의 온도를 식히는 뻔한 얘기들이 그랬다. 아이가 수시로 아파서 입퇴원을 반복하는 엄마에게 "힘내세요, 엄마는 강하니까요"라는 한마디. 남편, 시댁과의 불화로 하루하루가 전쟁인 사람에게 "시간이 해결해 줄 거예요", "사는 거 다 똑같아요"라고 말하면 위로가 될까? 보편적인 말일수록 인생에 힘이 되는 말들이 많은 건 사실이지만, 각기 다른 상황에 있는 사람들에게 건네지는 말들이 얼마나 획일적인지 보면 옅은 한숨이 새어 나올 때가 많았다. 그럴 때마다 속에서 울컥 치솟는 목소리가 있었으니, "여자는 약해도 엄마는 강하다고? 이제 그런 뻔한 얘기는 그만합시다!" 엄마라고 다 강하지 않고, 가만히 있는다고 시간이 해결해 주지 않으며, 사는 거? 절대 똑같지 않다. 그렇게 믿고 싶을 뿐.

만나고 스치는 모든 사람이 다 그런 건 아니었지만, 상대방의 입장을 이해하고 공감하기보다 내 알 바 아니다는 식으로 말하는 사람들을 보면 얼핏 타인의 불행을 자신의 위안으로 삼으려는 심리가 엿보이곤 했다. 누군가 온라인 카페에 올린 질문에 꼭 도움 되는 말은 아니더라도, 묘하게 기운 빠지는 말을 늘어놓는 사람들도 그중 하나였다. 아이들 데리고 어디든 나가야 하겠는데 갈 만한 곳이 마땅치 않을 때, “주말에 어디 가세요?” 하고 올린 질문에 “방콕입니다”, “저도 좀 알고 싶네요” 하는 댓글만 주르르 달리는 걸 보면서, 꼭 이렇게까지 적극적으로 동참할 필요가 있을까, 하는 삐딱한 마음이 들었던 것이다. 우리가 원하는 건 서로의 기운을 북돋워 주는 말이지, 그저 아무렇게나 내뱉는 영혼 없는 말은 아닐 텐데, 너무 서툴고 성의 없는 말을 직면할 때마다 예민해지는 마음을 수습하기 어려웠다.

수년이 지나도, 심지어 수십 년이 지나도 잊히지 않는 말들을 보면 한 사람의 가능성을 짓밟거나, 누군가 겪는 아픔과 슬픔을 대수롭지 않은 것으로 치부해버린다는 특징이 있었다. 내 마흔 인생을 끈질기게 따라다닌 말 역시, 중학생 시절, 친척들이 모인 자리에서 서울에 있는 모 대학에 진학하고 싶다고 얘기했을 때, 명절에나 가끔 마주치는 이가 내뱉은 한마디였다. “용인에서 공부 잘해봤자야. 어디 그렇게 하나 보자” 당시 마음의 상처가 얼마나 컸던지 10대에 접어든 아들이 있는 지금도 앙금이 남아있는 걸 보면, 비난, 무시 같은 존재 가치를 부정하는 말보다 사람을 괴롭히는 것도 없겠다 싶었다. 하지만 누가 알았을까. 이런 말들을 곱씹고 무한 복제하면서 가치 없는 말에 생명력을 부여하고 내 뇌리에서 물러나지 않게 많든 건, 틈틈이 기회를 노리고 되갚아 주길 바랐던 나의 의지였단 사실을 말이다.

말을 하기 전에 생각해야 할 것들

십오 년 전, 연애 운을 점치고자 찾아갔던 신 내린 지 얼마 안 된 무속인이 내 삶을 하나로 관통하는 뼈 있는 말을 한 적이 있다. “한 대 때려주고 싶네! 말 좀 예쁘게 해!” 이 얘기를 들었을 때, 너무 뜨끔한 나머지 정말 나를 내려다보고 있는 신, 접속 가능한 신이 있는 것 같은 착각에 빠져들었다. 말과 관련된 얘기가 누구에게나 적용 가능한 보편적 화두라고 해도, 그간 어떤 언어생활을 해왔는지는 누구보다 나 자신이 잘 알기에, 모든 걸 다 들킨 것 같은 발가벗은 기분이 들었다. 그럴수록 잊지 말아야 할 건, 내가 한 말에서 비롯된 번뇌와 고통은 다 내가 감당해야 한다는 사실이었다. 마음에 부정적인 에너지를 품고 있을 때, 쓸데없이 말이 많아질 때는 특히 조심해야 할 터. 기억하자. 인생에서 일어나는 대부분의 문제가 다 나의 '가벼운 입'에서 비롯되는 걸 알았다면, 말을 하기 전에 반드시 '내가 이 말을 하는 목적이 무엇인가?', '이 말을 하고 나면 후회하지 않을까?', '그게 진정 내가 바라는 모습인가?'를 수시로 체크하고 행동해야 한다는 사실을.

혼자 잘해주고 상처받지 말자。

몇 년 전 고향인 서울을 떠나 부산에서 일하게 된 친구를 위해 선뜻 백만 원을 보내준 적이 있다. 친구가 먼저 부탁한 것도 아니고, 책 읽다가 가슴으로 들어온 문장에 취해 호기롭게 제안했던 일이었다. 당시에는 모아둔 목돈이 있어서 백만 원이 빠진다고 문제 될 것 없었다. 하지만 최근 통장 잔액이 텅 비어버리다 못해 어디서든 현금을 융통해야 하는 상황을 맞이하고 보니, 그때 그렇게 흘려보낸 백만 원이 여행을 떠날 수 있는 돈, 배움에 투자할 수 있는 돈으로 환치되어, 마음에서 지워버리려고 할수록 더 자주 생각났다. 나름 책에서 읽은 건 있어서 빌려주는 게 아니라 준다고 생각하고 보낸 돈이었지만, 찾을 수 있는 돈이 줄어들수록 마음의 그릇이 좁아지는 건 어쩔 수 없었다.

우정, 돈으로 살 수 없는 것

과 동기인 J는 내가 한때 대학이란 곳을 다녔다는 사실을 입증해 줄 만한 단짝 친구였다. 어떻게 보면 종이 한 장에 불과한 졸업 증서보다 더 확실한 실체였고, 대학 시절의 추억을 공유할 수 있는 몇 안 되는 친구였다. 그런데 내 기억의 렌즈로 편집, 저장된 바로는 함께한 시간만큼이나 다수의 끼니를 내가 계산했고, 당시엔 그런 행위가 친구에 대한 마음의 표현이자 배려라고 여겼다. 하지만 그 마음 저변에는 '나중에 여건이 좋아지면 되돌아오는 날이 있겠지' 하는 기대 심리가 누적되고 있었고, 어느 날 친구의 모바일 청첩장이 도착했을 땐, 그간 친구에게 쏟은 에너지가 공중으로 흩어지는 듯 보였다.

친구와 만나는 데에도 '돈'은 필요했고, 밥을 사고 때로는 뮤지컬 공연까지 예매(단 한 번이지만)하며 내가 얻으려 했던 건, 친구와 함께할 수 있는 '시간'이었다. 그리고 그 심층 밑바닥에는 부르면 언제든 달려와 줄 수 있는, 우정을 갈구하는 마음이 퇴적되어 있었다. 일방통행으로 돈을 써 가면서라도 관계를 유지하고픈 마음. 이러한 속내에 통풍이 들지 않으니 친구와의 관계가 마냥 건강하고 아름다울 수만은 없었다. 친구와 만날 때면, 늘 부름에 응해주는 친구에게 고마운 마음이 들면서도, 혹여나 나에 대한 부채감에 의무적으로 나오는 게 아닌가 하는 건방진 착각도 들었던 것이다.

J를 향한 마음에 불순물이 끼기 시작한 건, 직장에 다니면서 말끔하게 치장하고 다니는 친구를 만났을 때였다. 문득, 친구가 나보다 더 멋지게 잘 사는 것 같은데, 왜 내가 항상 금전적 부담을 떠안게 되는 건지, 속에 똬리를 틀고 있던 원금 보전 심리가 꿈틀대기 시작했다. 내 마음대로 줄 때는 언제고, 주고 싶을 때, 생각날 때 달라며 대인배처럼 굴 때는 언제고, 액세서리를 고르는 친구의 모습을 탐탁지 않게 바라보는 나 자신이 유치하고 속좁게 느껴져서, 그저 아무렇지 않은 척 씁쓸한 속내를 감추고 있었다. 내가 보낸 돈이 친구가 간절히 원한 돈도 아니었고, 어찌 보면 내가 바라는 대로 흘러간 것뿐인데, 이제 와서 유효기간이 만료되었다며 반납을 촉구하고 있으니, '친구'라는 이름 앞에 '친한'을 들먹이는 게 어쩐지 멋쩍고 부끄러웠다.

돈에 얽힌 마음의 불협화음

내가 맺고 있는 관계의 테두리에서 혼자만의 섣부른 판단으로 마음의 고통을 자처하고 사람들과 삐거덕거리는 일은, 내 삶 곳곳에서 벌어지고 있었다. 모두 돈에 얽힌 마음의 불협화음.

결혼 후 낯선 타지에 정착하고, 첫아이를 낳고 키우는 동안 기댈 곳이 되어준 지인 언니와의 관계도 마찬가지였다. 언니를 좋아하고 신뢰하는 마음이 큰 만큼 언니에게 쓰는 돈을 아까워하지 않았는데, 언제부터인가 내가 쓰는 돈이 당연시되고, 기브 앤 테이크의 밸런스가 크게 무너지면서 뒤끝이 작렬하기 시작했다. '이쯤이면 언니가 먼저 나설 때도 되지 않았어?', '나는 언니가 계산하면 같이 내자며 현금으로 건네는데, 왜 언니는 내가 내면 그런가 보다 하고 고맙다는 인사도 안 해?'

처음에는 나를 좀스럽고, 치사하게 만드는 상대방을 탓하며 마음에 벽을 세우고 오랫동안 연락하지 않았다. 약간의 거리를 둔 채 만나도 데면데면하게 구는 태도로 소심한 복수를 한다고 여겼다. 하지만 한차례 가슴앓이를 통과한 뒤에야 내가 지인들에게 베풀었던 것이 관계의 지속성을 담보로 한, 사랑과 관심,

인정을 받기 위한 수단이었음을 인지할 수 있었다. 4만 원 넘는 돈을 한 끼 식사비로 낼 깜냥도 없으면서 쿨한 척, 호기로운 척 행동했으니 속 편할 리 없었던 것이다. 혼자 돈 쓰는 게 불편하게 느껴지면 솔직하게 얘기하고 각자 냈으면 그만인데, 더치페이하자는 말 꺼내기가 왜 그리 어려웠던지. '나는 괜찮은 사람이다'라는 확신의 부재만큼이나 속마음을 말하고 표현하는 데 매우 서툴렀다.

자연스러운 인간관계의 비법

가슴속에 반짝이는 목표 하나 간직한 채 글을 쓰면서야 알게 되었다. 쓸데없는 데 눈 돌리지 않고, 에너지 낭비하지 않고, 나에게 집중할수록 내 안에서 삶의 즐거움을 발견하게 된다는 것을. 잡지에 나오는 새로 생긴 가게, 가볼 만한 장소가 더는 내 욕망의 대상이 되지 않았고, 다른 이의 일상을 염탐하는 일도 관심에서 멀어졌다. 친구도 마찬가지다. 친구란, 나 자신을 사랑하고, 나 자신에게 부끄럽지 않도록 최선을 다할 때, 내적으로 충만한 하루하루를 살아갈 때 자연스럽게 다가오는 것이지, 꼭 무언가 도움 되겠다는 생각으로 잘해준다고 해서 '우리 우정, 오래오래, 길이 보전하세' 하며 새끼손가락 걸고 약속할 수는 없는 노릇이었다.

이때서야 비로소 한동안 고민하던 문제에서 빠져나올 수 있었다. 친구 J에게 솔직한 마음을 털어놓기로 한 것이다. 미안하다고 해서 거짓을 보태거나 둘러댈 것도 없이 담백하게. 그렇게 정돈된 마음을 담은 카톡을 보낸 지 몇 분 지나지 않아 친구로부터 연락이 왔다. "말하느라 마음 많이 썼겠다. 네 마음이 얼마나 불편했을지 내가 알지. 내가 늘 고맙게 생각하고 있어" 그러면서 나에게 보낼 수 있는 돈이 있어 감사하다며 곧바로 백만 원을 이체해준 친구. 카톡이 온 걸 알았지만, 민망하고 부끄러운 마음에 바로 확인할 수가 없었다. 이런 일로 친구와의 관계가 어색해질 거란 불안, 걱정 따위는 없었지만, '나는 친구에게 어떤 존재일까?' 하는 의문은 여전히 남아있었기 때문이다. 하지만 곧 몸 안에 차오르는, 말로 하지 않아도 느껴지는 뭉근한 안도감이 있었다. 마음의 벽이 쌓이기 전에, 감정의 찌꺼기가 굳은살로 박히기 전에 진솔하게 다가간 건 신의 한 수였음을. J에게 내가 있으면 좋고 없어도 상관없는 그런 친구가 아니었음을 확인한 순간이라고 해야 할까. 그것만으로도 충분했다.

건강한 까칠함을 소유하라。

자리가 편해서 가는 커피숍이 있다. 출입문 안쪽에 있는 좌석에 앉으면 등 뒤에 있는 기둥이 다른 좌석과 분리를 시켜줘, 여유와 쉼을 위한 독서가 필요할 때 주로 찾는 곳이다. 아쉬운 점은, 커피 주문할 때 근무하는 직원이 누구냐에 따라 맛이 극과 극을 오가는 까닭에, 기분 전환하러 갔다가 되레 신경이 바짝 예민해질 때가 생긴다는 사실이었다. 간혹 '이건 정말 아니다' 싶은, 정체성을 잃은 밍밍한 맛에 잔뜩 눈치 보며 얘기해도, 돌아오는 건 매뉴얼대로 했다는 뻔한 소리뿐이라, 애써 표정 관리하고 속으로 삭이는 수밖에 없었다.

그런데 커피보다 못마땅했던 게, 바로 직원들의 일하는 태도였다. 손님들보다 더 시끄럽게 노닥거리는 모습, 쓸고 닦아야 할 것에선 시선을 거두고 핸드폰만 들여다보는 모습을 보면 '저렇게 해서 무슨 일을 배우나', '열심히 일하면 지켜보는 이들이 있게 마련이고, 더 좋은 기회를 끌어당길 수 있을 텐데' 하며 부탁하지도 않은 걱정을 해댔다. 사실 그들이 무엇을 하든 말든 나와 무슨 상관이겠냐만, 진실은 직원들의 일하는 태도와 커피 맛이 정확하게 일치한다는 데 있었다. 그러니, 매번 매뉴얼만 운운하는 수다쟁이 아가씨에게 나도 하고 싶은 말이 있지 않았을까. "그럼, 백종원 레시피대로 요리하면 다 똑같은 맛 납니까?" 라고 말이다.

갑질, 과연 남 얘기일까?

하루가 멀다 하고 사회적 이슈로 떠오르는 갑질 논란을 볼 때마다, 정도만 다를 뿐 내 안에도 대접받고 싶어 하고, 작은 결점을 트집 잡아 요행을 바라는 마음이 있음을 확인하곤 했다. 평소 소상공인이 운영하는 곳에서는 사람 좋은 척 다하고 다니면서, 적당히 불만을 드러내도 괜찮겠다 싶은 곳에서는 소비자의 권리를 행사했던 나. 상식적으로 행동한 보통의 일상들 사이엔 가끔 부끄러운 기억들이 삽입되어 있었다.

몇 달 전, 강남에 있는 태국 요리 전문점에 갔을 때가 대표적이다. 편안한 대화를 할 수 있는 곳이라 종종 찾았던 공간인데, 그날은 맛없기도 힘든 파인애플 볶음밥과 닭고기 튀김 요리가 하나는 설익고 하나는 요리가 되려다 만 상태로 서빙되었다. 그건 홀에서 근무하는 직원이 보기에도 '어딘가 어색한 요리'였고, 근거 없는 컴플레인도 아니었지만, 마음은 이미 급속도로 피곤해지고 있었다. 사람마다 만족과 불만족을 느끼는 지점이 다르지만, 나는 내가 낸 비용 대비 기대한 서비스가 만족스럽지 않으면 그 상황에서 잘 빠져나오지 못하는 성격이 문제였다. 재주문 들어갔던 음식이 또 다른 형태로 엉망이 되어 나왔을 때 친구는 허기만 면하자고 했지만, 계산서를 받아들 주체인 '나'는 아무 일 없던 듯 넘어갈 수 없었다. '다음부터 안 오면 그만이지 뭐' 하고 가볍게 넘기기엔 적지 않은 금액이기도 했다. 결국, 또 한 번의 퇴짜를 놓았고, 그날 식당에선 돈을 받지 않았다. 좋은 시간 보내게 해드리지 못해 죄송하다는 말과 함께.

스스로 생각할 때, 나는 늘 이런 속물근성이 불만이었다. 살다 보면 기대에 못 미치고 예상을 빗나가는 일들도 생기기 마련이거늘, 나는 평균 이하의 상태로 버려지고 삼켜지는 돈을 못 견뎌라 했다. 쉽게 말해, 손해 보기 싫다, 이거다. 그러니 불만을 제기하면서 아무리 교양 있는 척, 겸손한 척 포장한다 한들 무슨 소용일까? 결국, 나쁜 의도가 담긴 말에는 악취가 묻어나기 마련. 평소 독기 가득한 얼굴, 경박한 어투의 목소리를 가진 사람들을 만날 때마다 "사람은 나이 들수록 자기 얼굴에 책임져야 해"라고 말하고 다니면서, 그동안 나는 얼마나 많은 부정적인 말을 실어 나르며 천박함의 흔적을 새겨왔던 것일까.

나를 까칠하게 하는 것

어디서든 나를 가장 크게 자극하는 요소는 다름 아닌 '소음'이었다. 주위를 의식하지 않는 테이블 너머의 거대한 사운드가 온 공간을 사로잡을 때면, 뭇 사람들의 의식 수준을 비난하며 커피숍 계몽운동을 촉구했다. 커피숍이란 장소가 1인 독서가를 위한 공간이 아니라고 할지라도, 공부하는 사람, 일하는 사람, 모임하는 사람 등 다양한 형태의 에너지가 공존하는 곳이란 차원에서 서로서로 배려하는 자세를 가질 수는 없는 걸까. 열심히 공부하고 있는 학생 바로 옆에 대가족이 둘러앉아 다른 사람은 안중에도 없다는 듯 왁자지껄 떠드는 모습을 보면, '저 학생, 괜찮은 걸까?' 하는 걱정과 함께 내가 대신 총대 메고 양해를 구하고 싶을 정도였다. 여기가 도서관인 줄 아느냐는 소리만 안 들어도 다행이지만 말이다.

그간 내게 커피숍은 하나의 문화공간으로 자리 잡아, 과도한 소음은 자제하며 조용히 얘기 나누는 걸 당연한 에티켓으로 여겼다. 하지만 이런 생각에 오류가 있음을 깨달은 계기가 있었으니, 친정에 갈 때마다 아지트로 삼는 커피숍 사장님과의 대화였다. 주변에 경쟁업체가 많이 생겨 사장들 간에 다툼이 일고 있다는 얘기부터, 공부하는 학생들이 많으면 정작 돈 되는 손님들이 들어오지 않는다는 얘기까지. 누구나 편하게 들어와서 웃고 떠들 수 있는 공간이었으면 좋겠다는 목소리를 듣고 보니, 소곤소곤 대화하는 매너남, 교양녀만 있었으면 하는 건 내 욕심이었다는 걸 깨닫고 소음에 둔감해지는 연습을 하게 되었다. '아~저분들 유쾌한 시간 보내고 계시는구나. 함께 웃고 떠들 수 있는 사람들이 있다는 건 행복한 일이지. 즐거운 시간 보내세요. 저는

다른 자리로 옮길게요'

결국, 내가 머무르고 있는 공간이 커피숍이든 한라산 등반길이든 주위 환경에 못마땅해하고 불만을 일으키는 건 내 마음이고 생각이지 타인이 만들어낸 건 아니었다. 내 안에 원망과 미움이 가득하니 사람들이 온통 '미해결 난제'로 보이고, 인생을 끌고 나갈 뚜렷한 목표가 없으니 다른 사람이 지닌 가치도 볼 줄 몰랐을 뿐. 고백하자면 나도 누군가의 기준에서는 비매너, 비상식적인 사람이나 다름없었다. 소음은 그렇게 칠색 팔색 하면서 저녁 9시 넘어 청소기 척척 돌리고, '아들 둘이 살고 있습니다' 광고하는 발걸음에도 엄격한 조치를 취하지 않았으니, 아! 밖에서만 세상 까칠하게 살아갈 일이 아니었구나.

내가 한 말에서 비롯된 번뇌와 고통은
다 내가 감당해야 한다는 사실이었다.

인생이 편해지는
연락 끊기의 기술。

엄마의 사교 능력으로 아이의 교우관계를 형성하는 세상. 학부모가 되어 보이는 또 다른 세상이다. 올봄, 아이들과 멀리 여행 다녀오느라 공개 수업에 참석 못 한 까닭에 같은 반 학부모들과 안면 틀 기회가 없었다. 그런 상태에서 학년별로 나누어 진행되는 체육대회에 참석하려니 시선 둘 곳은 오로지 두 군데뿐이었다. 아이, 그리고 핸드폰. 그래도 멀뚱히 있는 것보다는 적극적으로 참여하는 게 시간을 재촉하는 길이라 학부모 게임에 빠짐없이 참가하며 무리 속에 적당히 섞여 있었다.

체육대회가 끝나갈 무렵, 한 분이 내게 다가와 그동안 학부모 모임에 참여하지 못한 면죄부를 주시며 오후에 생일파티가 있으니 학교 옆 키즈카페로 오라고 초대해 주셨다. 학부모 모임을 선호하지도 않고, 학교 일에 관심도 없던 터라 이제 와서 '그럼 한번 가볼까요?' 하고 반짝 호기심을 드러내는 건 나답지 않았다. 하지만 그땐 그저 불러주는 것에 고마워하며 긴급한 문의 사항이 있을 때 연락할 만한 사람을 알아두는 것도 나쁘지 않겠다 싶었다. 그 한 번의 승낙이 어떤 정신적 피로를 남길지도 모른 채.

모임은 아무나 하나

준비해야 할 생일선물, 자그마치 6개. 1인당 5,000원이라는 내부 규정이 있었지만, 시간이 촉박한 상태에서 가격에 맞는, 아이들이 좋아할 만한 선물을 고르는 게 여간 어려운 일이 아니었다. 이왕이면 받고 기뻐할 만한 선물을 주고, 그로 인해 우리 아이와 연결 고리 하나가 생겼으면 하는 바람이었다. 잠깐의 내적 갈등을 극복하고 우리 가족 한 끼 외식비에 맞먹는 돈을 지출했다. 쇼핑의 피로함이 선택을 부추긴 것도 있지만, 나름 괜찮은 선물로 잘 보이고 싶은 마음도 분명 있었다. 하지만 선물 가득 든 봉투를 들고 약속 장소에 간 순간, 나는 이미 후회하고 있었

다. '그냥 살던 대로 살지, 모임은 무슨 모임이야'

긴 좌식 테이블 두 개를 붙여놓은 자리에는 먼저 온 학부모들이 자리 잡고 있었고, 나는 끄트머리에 간신히 웅크리고 앉아 학부모 모임을 체험하고 있었다. 한국 사회에서 수많은 모임이 그렇듯 시작은 자기소개부터. 그런데 곧 낯선 풍경이 펼쳐졌다. 누군가 78, 79 순으로 숫자를 부르면, 그 숫자에 해당하는 생년월일을 소지한 자가 자발적으로 손을 들고 '언니' 그룹과 '동생' 그룹으로 편입되는 시스템이었다. 학부모로 만났으면 서로 동등한 입장에서 소통하면 되는 것이지 꼭 나이로 우위를 정하는 것이 나는 이해되지 않았고, 결국 고깔모자까지 포함된 모든 부대비용을 1/n로 정산하는 대목에서 폭발해버리고 말았다. '보아하니 우리 아들 생일까지 기다렸다가 회수할 리는 만무하고, 그럼 나 얼떨결에 참석한 모임에 7만 원을 쓰는 거야?'

가만 보니, 어디에도 속하지 못하고 둥둥 떠다니는 건 나뿐만이 아니었다. 강한 탈출 욕구에 아이를 찾았는데, 두 명의 친구에게 쫓겨 전속력으로 도망치고 있는 아이를 발견한 순간 온몸이 경직되는 듯한 충격에 휩싸였다. 마음 같아서는 아이들을 붙잡고 정황을 파악하고 싶었지만, 한시도 머물고 싶지 않은 마음에 눈 마주치는 몇몇 분께만 인사하고 서둘러 빠져나왔다. 솟구치는 짜증, 분노, 후회 삼총사가 나를 가만둘 리 없었다. 더 만족스럽게 사용할 수 있었던 돈으로 남 좋은 일만 시켰다는 씁쓸함, 모임에 참석하는 대신 누릴 수 있었던 자유 시간에 대한 아쉬움이 뒤범벅되어 애꿎은 남편에게만 화를 삭이고 있었다.

그날 저녁, 학부모 반 대표로부터 연락을 받고 점점 깊은 수렁에 빠져들고 있음을 느꼈다. 요지를 말하자면, 원래 중간에 합류하는 건 모두의 동의가 있어야 가능한데, 내가 간 뒤 뒷말 나오지 않게 정리했다, 단, 이미 역할분담이 이루어진 상태라 자리가 없으니 필요할 때 나타나는 '깍두기'가 되어달라는 것이었다. 중요한 건 내게 그럴 의향이 전혀 없다는 사실. 의사를 분명히 밝히지 않은 태도는 하루에 수백 개의 대화가 오가는 단체 카톡방에 추가되는 번뇌를 낳고 말았다. '이러지 마. 나는 단체 카톡을 저주하는 사람이라고!' 그렇다고 말도 없이 '00님이 퇴장하셨습니다'를 남기기도 애매한 상황. 결국, 며칠을 견디다 작심하고 못 하겠다는 뜻을 전달했다. 곧 중요한 프로젝트를 앞두고 있어서 성실하게 참여할 자신이 없다는 하얀 거짓말과 함께.

살면서 누군가와 함께한 시간보다 혼자인 시간이 많았던 나도 근사한 장소에서, 그보다 더 근사한 사람들과 만나 모임을 하는 로망이 있었다. 하지만, 불특정 다수가 모이는 학부모 만남은 단 1시간만으로도 '앞으로 이런 모임에 참석하나 봐라!' 다짐하기에 충분했다. 가식적으로 보이지 않을 정도의 관심과 질문을 매개로 소통 기회를 만들지 않으면, 입 한 번 벙긋하지 않고 사라져도 존재의 흔적조차 남지 않는 곳. 4인 이상의 여성만 모여도 대화의 줄기가 하나로 모이지 못하는데, 그 네 배수의 사람들이 모였으니 말해 뭐하랴. 메인 방송에 주파수를 맞추거나 지역 방송을 만들거나, 스스로 노력하지 않으면 자칫 누군가 먹다 남긴 김빠진 환타보다 못한 신세가 되기 십상이다. 물론, 그 안에서도 마음이 통하는 사람을 만날 수 있겠지만, 그건 '교류'를 목적에 둔 자리에서나 일어날 수 있는 스파크이지 '교환'이 이루어지는 현장에서는 기대를 버리는 편이 나았다.

마음이 끌리는 만남에 충실하자

나는 만남에 있어서 세 가지 요소 중 하나는 성립해야 관계가 오래 유지될 수 있다고 믿어왔다. 만남 자체로 재밌거나, 새로운 즐거움을 선사하거나, 서로에게 자극이 되는, 그래서 '나'가 주체가 아닌 '남' 얘기만 읊는 사람들과 함께 있으면 금세 지루해지곤 했다. 아닌 말로 친구가 바람피우는 얘기는 들어줄 수 있어도, 친구의 친구가 주인공인 이야기는 30분 이상을 견디기 힘들었다. 물론 나도 침묵과 어색함을 견디지 못해 생각나는 대로 말 꺼내놓고 후회로 몸부림칠 때가 많았는데, 마음이 긴장하거나 어딘가 불편한 상태에 있으면 은연중 타인을 입방아에 올려놓는 치명적인 유혹에 빠져들었던 것이다. 그리고 그러한 상태가 반복되는 관계는 대개 오래 지속되지 않았다.

넘쳐나는 말에 피곤해하고, 신중하지 못한 말로 후회와 자책을 반복하는 내가, 내 인생 편하게 만드는 방법은 단 하나, 신경 끄기. 아이가 친구도 없이 외롭게 지내지 않을까 걱정하는 마음이야 모든 부모가 똑같지만, 내 아이에게 친구 보험을 들어주자고, 내 한 몸 비빌 데 만들자고 억지로 어울리고 싶은 마음은 추호도 없다. 설령 교묘한 따돌림으로 힘든 상황이 생길지언정, 무리에 속하기 위해 영혼을 파느니 내 아이를 믿고 사랑해 줄 수 있는 에너지를 비축하는 게 남는 장사이니까.

엄마들 모임에 속해있지 않다고 소외되거나, 학교 소식을 주고받을 사람이 없다고 답답한 건 없었다. 오히려 알면 병이고 모르는 게 약이 될 때가 있을 뿐. 짧은 기간이지만, 그들과 연결되어 있는 동안 한 발짝 떨어져 있으면 몰랐을 불필요한 소식과 정보를 흡수하여 마음에 소란을 일으키는 경우가 생기곤 했다. 그러니 소모적인 관계에 집착해 스스로 원치 않는 상황에 얽매이기보다, 자발적 아웃사이더로 복귀하기로 했다. 단지 상대의 기대를 충족시키고 싶어서, 딱히 정해진 일정이 없으니 시간 때우려는 어정쩡한 기분으로 만나는 건, 없던 문제도 생기는 화근이 될 수 있으니 말이다.

그래서 그런가? 내 카톡 친구 목록은 단출함 그 자체다. 웬만한 관계는 다 숨김으로 되어있고 종종 연락하는 친구만 남겨두었더니, 눈에 보이는 소중한 사람들을 챙기고 안부를 물을 수 있는 여유가 생긴다. 상호 신뢰와 애정을 바탕으로 하지 않는 관계는 필요 없다. 비난, 뒷담화 한 번이면 날아갈 '가짜 관계'에 신경 쓸 시간에 내 곁에 있는 '진짜'들을 바라보고 사랑과 감사를 전하는 일, 이것이야말로 인생이 편해지는 길 아닐까?

나이 들수록
자신의 얼굴에 책임져라。

사람을 만날 때 가장 먼저 보는 게 있다. 바로 그 사람의 관상. 사람을 겉으로 판단하지 말라고 하지만, 얼굴을 보면 어떤 생각과 태도를 지닌 사람인지 대략 감이 온다. 수수한 옷차림으로도 기품이 넘치는 사람이 있는 반면에, 아무리 치장해도 어딘지 가벼워 보이는 사람은 눈빛과 표정이 달랐다. 책과 예술을 가까이하는 사람의 얼굴엔 순수하고 깊은 반짝임이, 허례허식을 좋아하는 사람에겐 참을 수 없는 가벼움이. 꼭 자세히 들여다보지 않아도, 긴 대화를 주고받지 않아도, 한 사람의 얼굴에는 그 사람이 지나온 사유의 자취가 고스란히 묻어났다.

관심인가 무례함인가

며칠 전, 운동센터 샤워실 안. 나도 모르게 맞은편에서 씻고 있는 여자의 상체에 시선이 꽂혔다. 의식하지 않으려 할수록 더 바라보게 되는 비주얼. 현대 의학 기술의 도움을 받은 것인지 확인하기엔 친분이 없고, 허락받지 않은 추측을 하기엔 머쓱하고 미안했다. 그렇게 흘깃거리고 싶은 욕구를 거두고 있을 때, 그 여자의 왼편에 있던 회원이 다른 회원에게 속닥거리는 모습이 포착됐다. “저 여자 좀 봐. 가슴이 이만해” 그러자 그녀가 보디랭귀지로 표현하고 있는 말들이 평소 그녀의 목소리와 말투로 변환되어 마치 내가 인격적 모독을 당하는 듯한 불쾌감에 휩싸였다. 아무리 당사자가 시선을 돌리고 있다 한들 자신을 둘러싸고 있는 도 넘은 호기심마저 눈치채지 못했을까? 사람에 대한 예의가 사라진 현장에서, 나는 내 민낯을 들킨 것 같은 부끄러움에 그저 조용히 씻고 나올 수밖에 없었다.

사람을 옆에 두고도 보란 듯이 비아냥대고 무시하는 행위는 내 안에 도사리고 있는 잠재적 핵폭탄이었기에, 공공연히 타인을 깎아내리는 나와 닮은 사람을 편하게 받아들일 수 없었다. 같은 성질의 자석이 서로를 밀어내듯이, 누군가를 싫어하면 그 안에 내 모습이 있기 때문이란 말도 있지 않은가.

한때 68kg에 육박했던 나는 과체중을 넘어 고도비만인 사람에게 특히나 민감했다. '저 여자는 저렇게 뚱뚱한데 살찌는 음료에 휘핑크림까지 잔뜩 얹어 먹네?', '저 가족은 엄마 아빠가 비만이니 아이들도 뒤룩뒤룩 하구나' 같은 생각이 말이 되고 입 밖으로 발화되는 순간, 팔꿈치로 툭 치며 제지하는 사람이 없었더라면 결례를 범했을 순간이 얼마나 많은지. 타인을 편견 없이 바라보고, 굳이 하지 않아도 될 말을 참고, 비평하는 마음을 내려놓는 건 저절로 되는 것이 아니었다. 수시로 자신을 점검하고 다스리지 않으면 험담으로 무료함을 달래는 게 나였고, 그런 모습이 나 자신을 사랑할 수 없게 만든다는 걸 알면서도 쉽사리 고치지 못했다.

평소엔 만나는 사람마다 밝게 인사해서 "오늘도 생기가 넘치시네요" 하는 소리를 듣다가도, 마음에 거슬리는 사람을 만날 때마다 말에 감정을 실어 나르는 태도는 어느덧 내 습관의 일부로 자리 잡고 있었다. 내가 하면 로맨스 남이 하면 불륜이라고 했던가. 밖에서 식사할 때, 정확히는 술 한잔할 때, 내 아이들이 하는 게임은 부부의 대화 시간을 확보하는 유용한 수단으로 여기면서, 다른 집 아이들이 크게 틀어놓는 동영상엔 신경을 곤두세우곤 했다. 그뿐인가. 사적인 상담 전화와 영상 통화는 왜 그렇게 스피커 모드로 공개방송을 해대는지, 온갖 소음에 짓눌려 머리가 뒤죽박죽되는 일이 한두 번이 아니었다. 하지만 사람이 자신의 어리석음을 깨닫게 되는 건 우연이고 한순간이다. 공공장소 동영상 금지법이라도 제정되어야 하는 거 아닌가 볼멘소리하며 사람들을 사나운 시선으로 바라보던 내 모습을 돌아보게 된 계기가 있었으니, 바로 닮고 싶지 않은 사람과의 조우였다.

네 모습 안에 내가 있다

어느 해 겨울, 아이들 방학을 앞두고 북경 여행을 떠나던 날이었다. 패키지로 가는 여행이라 아침 6시 30분에 잡힌 미팅 시간을 준수했어야 하는데, 성수기에 접어들었음을 파악 못 하고 리무진 버스를 예약하지 않은 까닭에 1시간 이상을 기다렸다 타야 하는 돌발상황이 발생했다. 다행히 길이 막히지 않는 새벽 시간대라 불안을 잠재울 수 있는 일말의 희망이 있었지만, 그래도 공항에 도착하기 전까진 안심할 수 없는 상황이었다.

걱정과 다르게 거의 제시간에 도착한 인천 국제공항. 카트에 짐을 싣고 아이들을 태운 채 전속력으로 달려 도착한 여행사 카운터에는 아직 같은 일행으로 보이는 사람들이 여권 수속을 밟고 있었다. 그렇게 안도의 한숨을 내쉬던 것도 잠시. 바로 옆에서 누가 봐도 나 들으라는 듯 투덜대는 목소리가 들려왔다. 단체비자인 까닭에 먼저 출국장으로 들어가지 못하고, 면세점에서 보냈어야 할 시간을 저당 잡힌 한 여자의 칼칼한 목소리였다. 순간, 약속 시간에 늦을까 봐 긴장했던 마음이 풀리면서, 나 역시 '너의 태도를 응징하고 말겠다'라는 의도가 분명한 말을 내뱉고 말았다. 그것도 크게, 복식호흡으로. "얘들아, 이번 여행엔 너희들이 찾는 예쁜 누나가 없다. 터키에서 만난 수인이 누나 같은 사람이 없네. 어쩌냐?"

상상이나 했을까. 이 한마디의 후폭풍은 실로 엄청났다. 지근거리에서 전화에 대고 나를 욕하는 소리를 선명하게 들어야 했고, 불편함을 넘어선 불쾌한 시선과 수시로 마주쳐야 했다. 여행 시작 전부터 사람 스트레스라니. 3박 4일의 평온함을 위해서라도 내가 뿌린 말은 내가 나서서 거두는 수밖에 없었다. '예쁜 누나가 없다'라는 말은 절대 당신을 겨냥한 것이 아니었다고, 진실을 숨기기 위해 거짓말을 둘러대는 상황. 비록 아이들을 팔아가며 평화협정을 이끌었지만, 마음엔 온갖 잡음이 들끓고 있었다. '도대체 저 여자는 어떻게 살아왔길래 한창 꽃 피는 아름다운 나이에 저런 얼굴을 갖게 된 거야?'

마음을 비우면 얼굴도 예뻐진다

공항에서의 긴장감은 나의 꼬리 내리기로 일단락 해소되었지만, 예민하고 신경질적인 여자들의 대립은 여행 내내 이어졌다. 혼자 온 여자는 아쉬울 때마다 내 언저리에 맴돌았고, 나는 화해인 듯 화해 아닌 애매한 태도를 취하고 있었다. 보아하니, 그건 그녀도 마찬가지. 개별 여행이 허용되지 않는 패키지 상품이었지만, 내게는 북경이 서울만큼 익숙한 도시라 가이드의 동의 아래 자유롭게 돌아다닐 때도, 그녀는 꼭 한마디씩 덧붙이곤 했다. "저럴 거면 자유여행을 하지, 왜 패키지로 와서 돌아다녀?" 이런 그녀에게 나 역시 속시원히 내뱉고 싶은 말이 있었다. "그렇게 말하면, 속이 좀 후련하니?" 하지만, 차마 할 수 없는 말을 전하는 대신 마음으로 다짐했다. 예민함을 내려놓고 좀 둥글둥글하게 살아보자고. 그녀의 모습은 곧 나의 모습이기도 하니 도려내 보자고 말이다.

언제부터인가 사진 찍는 걸 싫어해서 해외여행을 가도 내 사진은 거의 없고 풍경 사진, 아이들 사진만 가득한 내 핸드폰. 갈수록 선명해지는 팔자주름은 둘째치고, 어쩐지 경직되고 부자연스러운 표정을 보는 게 거북하기만 하다. 아이들은 신나게 놀고 있을 때 아무렇게나 찍어도 작품이 되는데, 타인의 렌즈에 담긴 내 얼굴은 왜 그렇게 심각해 보이는지. 인정하고 싶지 않지만 다 내 마음의 반영이고 의식의 발로였다. 최고의 성형은 다이어트란 말이 유행하지만, 사실 더 확실하고 부작용 없는 성형은 '의식 정화'다. 타인을 향한 존중과 배려의 마음, 겸손한 자세, 깨어있는 의식을 가진 사람들에게서 나오는 아우라는 한 사람을 빛나게 하는 절대적 가치였다. 그러니 인자하고 관대한 중년의 얼굴을 꿈꾼다면, 몸과 마음을 닦는 수밖에. 다이어트와 성형은 그 다음 문제다.

3장 。

누구 엄마 말고, 내 이름을 불러주세요

(feat. 가끔은 유혹 받는 여자이고 싶다)

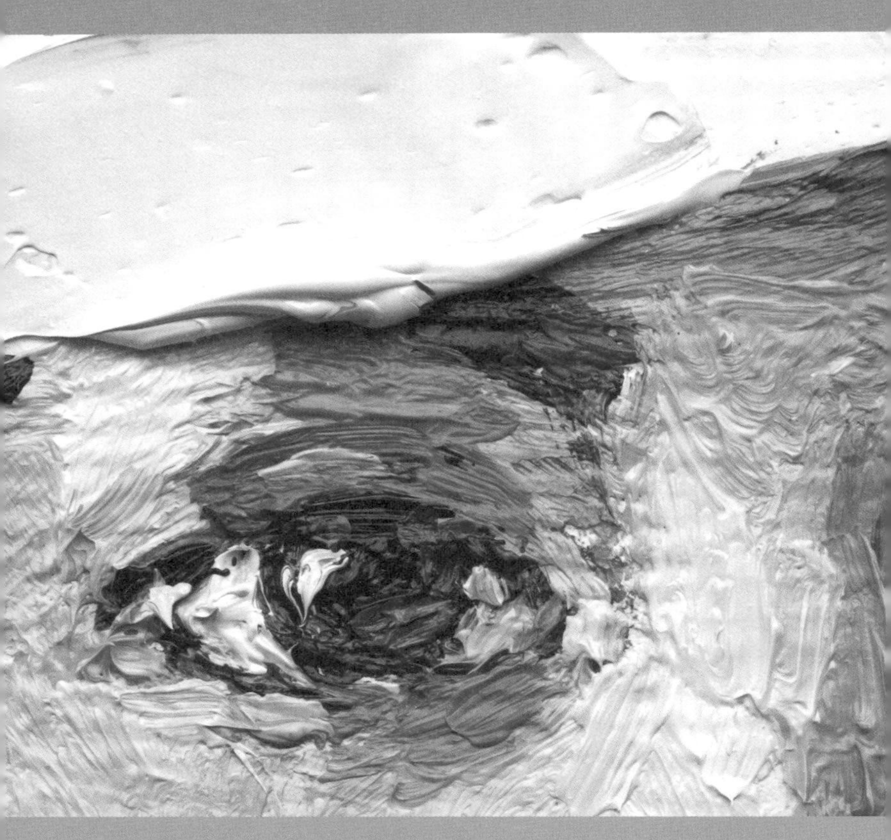

아이에게 노는 엄마로 각인되었다는 사실은
나의 현재 모습을 투명하게 보여주고 있었다.
보탤 것도, 덜 것도 없는 날것 그대로의 모습을.

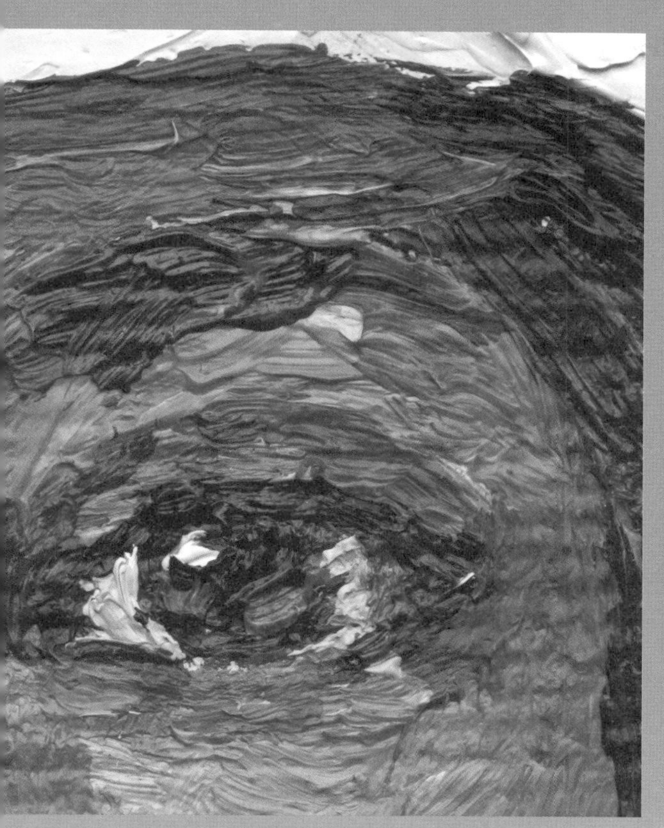

내 행복이 우선이냐, 자식이 먼저냐。

맘 카페에 대고 외치고 싶은, 목구멍까지 차오르는 말들이 에너지원이 되어 시작한 글쓰기. 나의 분노 에너지를 자극한 건 스타벅스에서 만나는 인간 군상들이었다. 고요한 오전 공기를 가르는 쨍쨍한 목소리, 시도 때도 없이 터지는 동영상 소리, '나만 좋으면 괜찮다'는 식의 행위들에 촉각을 곤두세우다 보면 온몸의 예민 세포가 활성화되는 느낌이 들었다. 게다가 한 인간의 존재적 불안이 고스란히 느껴지는, 도무지 멈출 기미가 보이지 않는 다리 떨림까지. 커피숍에 등장하는 인물에 따라 시간의 질이 달라진다고 해도 과언이 아니었다. 그런 이유로 나만의 작업실을 갖고 싶다고, 그것도 여자 둘 이상 출입 금지인 커피숍을 차리고 싶다고 하면, 주위에선 비슷비슷한 반응을 보이곤 했다. "돈은 안 되겠네"

섬세한 배려가 필요해

한동안 마음 저편에 묻어두었던 이 꿈은 스타벅스에서 한 엄마와 아들을 마주한 직후 스멀스멀 올라왔다. 아이의 엄마는 아들과 떨어진 자리에 컬러링 화판을 펼쳐놓고, 아이는 내가 앉아있던 회의 테이블 바로 맞은편에서 스마트폰 게임을 시작했다. 안다. 이해한다. 옆에 아이가 있으면 무언가에 집중하기 힘들다는 사실을 모를 리 없다. 하지만 머리로 이해하는 것과 그게 나에게 직접적인 영향을 끼칠 때는 얘기가 달라진다. 아이를 등지고 앉아있는 엄마야 제 할 일에 몰두할 수 있다지만, 주의가 산만한 아이의 영향권 안에 있는 사람들은 무슨 죄인가. 정녕 모르는 걸까, 모른 척하는 걸까.

아이 키우는 사람 치고 '스마트폰 육아' 하지 않는 사람이 얼마나 되겠냐만, 만화건 게임이건 영어 학습이건 다 좋은데 볼륨 좀 줄이라고 소리치고 싶을 때가 수십 번. 머지않아 사람 목소리보다 기계음 소리가 친숙해지는 건 아닌지 걱정될 정도였다. 그럼, 이렇게 말하는 나는 아들 둘 키우는 사람으로서 늘 떳떳할 수 있는 존재냐. 그렇지 않다. 그럴 수가 없다. 아무리 게임할 수 있는 날이 수요일, 토요일로 지정되어 있어도, 엄마 아빠가 열외로 삼는 타이밍, 그러니까, 술 마실 때를 노리고 욕망의 손을 내미는 게 아이들이니까. 단지 아이들에게 스마트폰을 허용할 땐 주위에 사람이 있는지를 살피고, 내 귀에 들리지 않을 정도의 볼륨이 유지되고 있는지 민감하게 반응할 뿐이다. 소리 줄여! 소리!! 소리!!!!!!

커피숍도 마찬가지. 나에게 커피숍은 혼자 가는 곳, 책 읽는 곳으로 설정되어 있어서 아이를 동반하는 일은 극히 드물다. 간혹 괜찮겠지, 하는 믿음으로 함께 가면 피할 수 없는 번뇌를 맞닥뜨린다는 걸 알기에 아예 그런 상황을 만들지 않는 것이다. 이왕 혼자만의 시간을 갖기로 한 거, 나의 영혼을 충전시키고 비옥하게 만드는 지침은 단 하나. '너희는 알아서 놀거라, 이 엄마는 커피숍에서 책을 읽을 테니!'

무엇이 루저이고, 무엇이 위너인가

나의 자유로움에 제동이 걸린 순간은 예기치 않게 찾아왔다. 도로 위의 방지턱이야 표지판이 알려주고 내비게이션이 예고해 주지만, 아이의 지적 수준은 왜 하필 즐거운 식사 시간에 발각되는지. 큰아이는 아빠의 운동복에 박혀있는 글자가 자기 옷에 있는 것과 같다고 얘기했을 뿐인데, 남편에게서 "글자(FILA) 한번 읽어볼래?"라는 추가 질문이 날아든 순간, 입 꾹 다물고 당황해하는 아들을 보니 한숨이 절로 나왔다. 3학년 1학기부터 시작된 공교육으로 영어가 잡히리라 기대한 건 아니었지만, 가장 기초적인 ABCD도 모르는 지경이라니. 영어, 그까짓 거 동기부여만 되면 금방 따라잡을 수 있다는 믿음으로 학원 한번 안 보냈는데, 아이들 교육에선 루저였음을 인정해야 했다.

그럼 이제라도 공부 머리 만들기에 공을 들이느냐? 글쎄, 아직은 그럴 의지도, 의욕도 없다. 자식 교육 잘하는 게 부모의 사명이라 하지만, 자식의 성공이 내 인생을 증명하는 건 아니지 않는가. 당장은 아이들의 지적 발달에 필요한 관심과 에너지를 나의 과업을 완수하는 데 쏟고 싶은 게 솔직한 심정이다. 그나마 다행인 건, 아이들의 싹수가 나쁘지 않다는 사실이었다. 나의 의지로 채워진 일정표가 아닌, 본인들이 스스로 선택한 활동에 성실히 참여하고, 적극성과 호기심을 잃지 않는 것만으로도 충분했다. 아직은 서두르지 않아도 괜찮다는 믿음. 현재 아이가 지녀야 할 건 '나는 충분한 사랑을 받는 사람이다'라는 내적 믿음과 타인을 향한 예절, 존중이지 공부 잘하는 아이란 수식어가 아니었다. 비록 지금 당장은 눈에 보이는 차이가 선명할지라도 하고 싶은 게 있고, 시켜달라 말하는 정도의 열정이 있으면 충분하지 않을까.

내가 아이들에게 주고 싶은 것 역시 잘 짜인 커리큘럼이 아닌, 세상은 넓고 재밌는 일들로 가득하다는 믿음 하나. 그런 의미에서 여행만큼 아이들도 좋고 나도 좋은 게 또 있을까 싶다. 아이 두 명 영어학원 두세 달 보낼 돈이면 오색찬란한 세상을 활보할 기회가 있는데, 정작 학원 수업 빠지는 게 아까워 간접경험만 주입하고 있다면, 사진으로만 망고 맛을 음미하는 것과 뭐가 다른가. 비교 선상에 있는 또래 아이들의 지적 성장이 아무리 크다 한들, 넓은 세상을 탐험하며 더욱더 밝아지는 내 아이들의 표정만큼 소중한 건 없었다. 일상의 모든 순간에서 여행 경험이 녹아나는 건 덤. 다채로운 인풋이 많을수록, 창의적인 아웃풋이 나온다는 건 같이 보고, 듣고, 느껴본 자만이 알 수 있는 기쁨이었다.

우리가 지켜나가야 할 중요한 가치

우리가 흔히 말하기를, 자녀 교육 잘하는 게 돈 버는 거라고 하지만 전적으로 동의하지는 않는다. 그 교육이란 게 올바른 됨됨이를 지칭하는 거라면 모를까, 소위 우등생 양성을 의미하는 거라면 글쎄다. 요즘 일선 학교에서는 학생들의 비행 행위가 문제되어도 부모의 사회적 지위에 따라 눈감아주기도 한다는데, 나는 도저히 공부만 잘하고 싹수없는 아이들을 포용할 재량이 없다. 두 마리 토끼를 다 잡을 수 없다면 바른 성품을 갖추게 하자는 게 우리 부부의 합일된 가치관. 그래서 아무리 주변에서 일장 연설을 늘어놓아도, 학원 순례하는 아이 친구들을 목격해도 그다지 흔들리지 않는다. 부모에게 즐거움을 주려는 아이, 깔깔깔 웃음 폭탄 터트리는 아이, 바른말 쓰려고 노력하는 아이에게서 희망을 발견하니까.

결국, 결론은 하나다. 아이들 위주로 돌아가는 라이프스타일은 거부하노라! 기본적인 틀만 제공하면 부모의 간섭 없이도 스스로 계획하고 변경해 가며 나름 즐거운 하루를 보내려 노력하는 게 아이들인데, 단지 나의 걱정과 불안으로 아이들을 학원가에 데려다 놓고 싶지는 않다. 어렸을 때부터 앉아있는 습관, 공부하는 습관을 들여야 한다고? 그래서 부모인 우리는 마음먹은 대로, 계획한 대로 자신을 통제하고 있을까? 나도 지키지 못하는 'To do list'를 아이에게 요구하기 전에, 부모가 먼저 자기 삶에 충실하고, 최선을 다하는 모습을 보여주는 게 행동 개선을 일으키는 더 빠른 길이 아닐는지. 그러니 앞으로도 졸졸 쫓아다니며 힘 빼지 않고 내 인생 내가 챙기련다. 아이들이야 보듬어주고 안아주면서 정서에 기름칠만 해주면 알아서 잘 자라니까. ABCD 좀 모르면 어때? 영어 신문을 막힘 없이 읽는 또래 아이들보다, '나는 할 수 있다', '나는 또 해낼 것이다'라고 또박또박 외치는 내 아이의 목소리가 더 맑고 유창하게 들리는 건, 나의 착각일까 아니면 이기적인 엄마의 자기합리화일까.

아들!
엄마 좀 나갔다 올게.

/

"엄마는 매일 아무것도 안 하고 커피숍 가서 책만 읽어"

아침 식사 시간에 대대손손 대물림되는 잔소리를 꺼냈다가 둘째 아이에게 묵직한 한 방을 얻어맞고 말았다. "너희들 공부하고 학원 다니는 거, 다 아빠가 열심히 일하신 덕분이야"라는 멘트에, 그럼 엄마인 나는 우리 가족을 위해 무엇을 했냐는 논지였다. 서서히 눈치가 빨라지는 큰아들이 "야! 엄마가 집안일 다 하는 거 안 보이냐?" 하며 긴급 소방수로 나섰지만, 아이에게 노는 엄마로 각인되었다는 사실은 나의 현재 모습을 투명하게 보여주고 있었다. 보탤 것도, 덜 것도 없는 날것 그대로의 모습을.

어쩌겠어, 이게 나인 걸

아이들과 평등한 관계를 맺고, 서로 존중할 수 있는 사이가 되려면 타인을 대하듯 친절한 자세로 다가가야 한다는 것은 알지만, 이게 어디 말처럼 쉽나. 나를 살짝이라도 아는 사람들은 엄마가 책을 좋아하니 아이들도 책 많이 읽겠다던가, 아이들한테 소리 한번 안 지를 것 같다고 말하곤 했다. 하지만 그건 어디까지나 긍정적으로 보이는 면만 편집된 이미지일 뿐 진실과는 사뭇 동떨어진 모습이었다. 아이 말마따나 매일 커피숍으로 가니 엄마가 책 읽는 모습을 볼 기회가 적고, 주말이면 늦잠과 숙면을 권장하며 혼자 커피숍에서 여유 부리다 들어오는 엄마이니 말이다.

늘 혼자 있기를 갈망하니 육아라고 별다른 건 없었다. 우리 집에서 살아남기 위한 행동 수칙은, 혼자서 할 수 있는 일은 스스로 하기. 물론, 이 말을 남발했다간 휴지 좀 갖고 오라는 심부름에도 “엄마가 할 수 있는 일이니까 엄마가 가져와”라고 하는 촌극이 벌어지기 십상이지만, 나의 한정된 에너지를 균등분배하기 위해서는 녀석들의 소프트웨어를 버전업 하는 작업이 필요했다. 나의 자유로운 삶을 위한 장기 프로젝트, 살림남 만들기. 한창 나만의 시간을 만끽하는 와중에 밥 차리러 들어가는 건 성가시고 번거로운 일이라, 아이들끼리 식사하는 게 안쓰럽지 않느냐는 자책론만 펼치지 않는다면 밥상 차리기 정도는 충분히 가능해 보였다. 그렇게, 배고프면 밥 차려 먹는 아들 만들기 1단계, 반찬 뚜껑 닫아서 냉장고에 넣어놓기 훈련이 시작됐다. “준, 밥 다 먹으면 냉장고에 반찬 넣어놓고 식탁 깨끗이 닦아놔”

그런데 이렇게 아이들의 생존 능력을 향상시키는 데는 신경 써도, 배움의 영역을 확장하는 데는 다소 무심했던 게 사실이다. 정확하게 말하면 뭐 하나 가르친다고 돈 쓰는 게 아까웠다. 우리가 언제부터 돈 들여 한글을 배우고, 사설학원에 창의력 증진을 일임했단 말인가. 비용 문제도 그렇다. 외벌이 가정에서 교육비로 할애할 수 있는 자금은 한정돼 있고, 그렇다고 학원비 벌기 위해 아르바이트 전선에 나설 생각은 없었다. 도리어 이해하기 힘들었던 건 다 큰 자녀의 학원, 문제집 정보를 일일이 나서서 수집하는 엄마들이었다. 어디가 잘 가르치고, 어떤 참고서가 좋은지는 공부하는 학생 본인이 더 잘 알 텐데, 왜 엄마들이 아이의 삶 전면에 나서려고 하는지 이해할 수 없었다. 그와 반대로 아이가 피아노 배우고 싶다고 적극적인 의지를 밝혀도, ‘아이가 지정한 학원'에 상담 한번 가는 게 귀찮아 미루고 있는 나 같은 엄마도 있으니, 말 다 했다. 그러나 어쩌랴. 내 배곯고 닭다리는 양보해도, 시간만큼은 양도와 대여가 불가한 걸.

행복한 인생은 스스로 만드는 것

결혼하고 아이를 키우면서 언뜻 길을 헤매고 있는 듯 느껴졌지만, 그 시간만큼 '내가 원하는 일이 무엇인가'에 대해 주의 깊게 탐색해 본 적이 없는 것 같다. 아이의 낮잠 시간이라는 한정된 자유 속에 살게 되고 나서야 혼자 있는 시간의 소중함을 알고 책에서 길을 찾아 나섰다.

그런데 커피숍 가서 책 한쪽 읽는 이 단순해 보이는 일상이 다른 누군가에겐 부러움의 대상이기도 하다는 걸 알았다. 시도해 보기도 전에 어렵다 생각하고, 뭐든 '아이가 더 크면', '아이가 더 자라면' 하며 미루는 사람들에게는 말이다. 다른 이들의 삶에서 '나도 해보고 싶다', '나도 할 수 있겠다' 느껴지는 게 있으면, 또 그게 그렇게 큰돈 드는 일도 아니라면 하면 그만인데, 뭐가 그리 전제조건이 많은지. 적합한 때를 기다리다가 좋은 시절 다 지나가 버리고 나면 그땐 또 무슨 소원을 바랄까.

하지만 안타깝게도 우리네 엄마들은 아이들을 어느 정도 다 키운 뒤에도 엄마, 아내라는 정체성에 갇혀 자신보다 가족을 우선시하고, '나 없으면 안 돼'를 외치면서 자신을 속박하는 경우가 많다. 그러나 실상을 들여다보면? 아이들은 엄마의 외출로 인한 공백에 대체로 잘 대처하는 편이었다. 아이스크림이 없으면 얼음조각이라도 깨 먹고, 과자가 없으면 유산균이라도 먹는 게 생존본능이었다. 게다가 내가 곁에 있으면 모든 전자 기기 행위가 제한된다는 것을 체득한 아이들이 어디든 동행하길 바라는 남편에게 방패막이 되어주곤 했다. "엄마에게 자유시간을 줘! 엄마가 혼자 있는 시간을 가져야 행복하고, 우리도 즐겁지!"

어이없는 미소를 지으며 이미 매우 자유롭게 해 주고 있음을 항변하는 남편 앞에서 '잘한다, 잘한다, 내 아들들아!' 응원하는 마음을 보내는 나. 사실 가족과 함께하는 모든 시간이 내 인생의 골든 타임임을 모르는 바는 아니다. 아이들이 수시로 점프해서 아빠 등짝에 매달리고, 아무데서나 가슴에 얼굴 파묻고 손으로 더듬거려서 버럭버럭하게 만들던 장면도 지나가면 그리운 추억일 테지. 하지만 역경과 고난이 있어야 감사와 행복을 누리듯, 절대적으로 혼자 있는 시간이 있어야 남편과 아이들을 향한 지치지 않는 애정을 생산할 수 있는 것도 자못 분명해 보인다. 그러니, 아이들 놓고 혼자 즐기는 시간에 대한 죄책감은 버리련다. 오롯이 혼자 있는 시간은 하루를 시작하는 가장 큰 기쁨이니까.

"아들! 엄마 좀 나갔다 올게"

밤마다 남편 몰래
딴짓하는 여자。

저녁 8시, 저녁 식사 뒷정리를 하던 중 시댁에서 전화 한 통이 걸려왔다. 어쩐지 긴급 호출을 당할 것 같은 예감. '올해는 둘째 형님도 일 시작하셨으니, 평일에 김장하지는 않겠지….' 하지만 내 짐작은 여지없이 빗나가버리고 말았다. 손 닿는 곳에 아이스크림을 두고 참을 수 없는 나처럼, 어머니 역시 눈앞에 배추를 쌓아놓고 가만히 있지 못하셨던 것이다. 해 뜨면 출근하는 두 며느리를 부를 수는 없는 노릇이고, 그렇다고 노는 며느리만 일 시키기엔 미안해하시는 마음이 목소리를 타고 그대로 전해졌다. "어머니, 갈게요. 그런데 지금은 힘들어요. 10시 반에는 갈 수 있어요"

시댁에서 '나'로 사는 처세술

시어머니의 부르심이 있었지만, 그에 앞서 예정된 운동을 하고 샤워까지 마치는 게 내겐 더 우선순위였다. 할 일을 마쳐야 마음이 한결 편안한 상태에서 한밤중의 노동도 어머니와의 단독 데이트로 삼는 여유를 가질 수 있기 때문이렷다. 그러고 보면 동서 간의 알력 다툼을 유발하고 형제간의 우애까지 망치는 주요 원인이 독박 노동인데, 이건 실로 처신하기 나름이었다. 예외 없이 늘 그렇다면야 전쟁의 서막을 올리겠지만, 나의 반자발적인 행동이 시댁에서의 자유를 확보하는 데 밑거름이 된다면 딱히 못마땅한 것도 없다. 상황을 긍정적으로 바라보려는 노력은 나의 몫. 그저 숨결과 같은 오전 시간을 빼앗기지 않은 것만으로도 다행이었다.

시어머니와 통화할 때 남편의 얼굴에서는 내 눈치를 살피고 있는 게 역력히 느껴졌다. 하지만 남편에게 절대 말하지 않는 비밀이 있었으니, 어차피 아이들 케어는 남편 몫으로 남겨질 테고, 미처 다 못한 집안일도 인수인계할 예정이라 나로서는 손해 볼 것 없는 장사라는 사실이었다. 단지 일하는 장소만 바뀌는 것일 뿐. 그만큼 나만의 시간을 사수하고 방어하는 건 시댁이라고 예외가 없었다. 심지어 명절에도 전 부치고 설거지하고 나면 소리소문없이 사라지는 며느리가 나다. 마냥 집 안에 머물며 거실과 주방 사이를 유령처럼 어슬렁거리느니, 싫은 소리를 각오하더라도 밖에 나가 책 보는 걸 선택했던 것이다. 어려운 건 없었다. 처음에만 눈치 보이지 십 년 세월 한결같이 행동하면 '원래 저렇게 생겨먹었나 보다' 하고 바라봐 주기 마련이니까. (아니다. 시댁 식구들 인품이 좋은 거다.)

밤에는 엄마를 찾지마

아무리 퍼내도 마르지 않는 우물과 달리, 가정주부의 시간은 의식적으로 노력하지 않으면 살림, 육아, 모임 등으로 공중분해 되기 십상이다. 그래서 보통의 주부들이 아이들이 학교 간 시간에 집안 정리를 하고 점심 약속도 잡는다면, 나는 일단 혼자 집 밖으로 나가고 보는 편이었다. 잠시의 지체가 전날 못 봤던 예능 프로그램을 끌어당기고, 살림의 늪에 빠져들게 된다는 건 익히 겪어봐서 아는 사실이니까. 게다가 가정주부라는 정체성에 대한 콤플렉스일지 몰라도 남들이 직장에 나가 일하는 시간에, 나는 집에 남아 쓸고 닦는 일을 하는 건 스스로 죄를 짓는 기분이었다. 집안일은 해도 해도 티가 안 난다? 무슨 소리, 티는 난다. 단지 노력 대비 지속력이 짧은 일에 에너지를 쏟고 싶지 않을 뿐이다. 그러다 보니 내 주부로서의 시간은 남들과 거꾸로 흘러가는 게 특징이었다.

세 남자가 다 잠든 시간, TV 앞에 건조된 빨래를 산더미처럼 쌓아놓고 얼굴엔 팩 한 장을 붙였다. 본격적으로 나만의 세상이 펼쳐지는 시간이다. 집중력이 필요하지 않은 일을 낮에 하는 건 어쩐지 시간 낭비로 느껴졌다. 이왕이면 유쾌한 예능 프로그램을 보며 즐겁게 일하고, 조금이라도 움직이며 칼로리를 소모하는 게 내게 주어진 시간을 대하는 최소한의 예의였다. 상황이 이렇다 보니 밤 11시를 기점으로 방과 방 사이 보이지 않는 선이 그어지고, 접근 금지 명령이 선포되는 게 일상이라면 일상이었다. 아이들로선 내가 있는 방문을 조심스레 열지 않으면 공포 영화급의 눈초리를 받을 수 있기에 특별한 주의가 필요했더랬다. 진실을 말하자면, 그동안 "빨리 안자? 지금 시간이 몇 시야!" 하고 재촉하고 닦달했던 것도 다 내 자유시간을 수호하고자 하는 외침이나 다름없었다. '아들! 들었느냐? 제발 좀 일찍 자라!'

'나'에게 원한 건

밤마다 소파에서 잠들었다가 일어나 보면 새벽 한 시 반. 강도 높은 귀찮음을 이겨내고 안방으로 이동하면 멀쩡한 킹사이즈 침대를 두고 바닥에서 자는 남편이 보였다. 작은 소리와 뒤척임에도 예민한 한 여자의 수면을 보호하기 위해서라고 하기에 어쩐지 안쓰러운 건, 그동안 남편을 뿌리 깊은 개인주의로 밀어내고 귀찮은 육아 업무를 떠맡겨온 시간이 길어서일 게다. 이러니 부부 사이에 무슨 역사가 창조되고 속 깊은 교류가 있으랴만, 또 이런 얘기가 우리 부부에게만 해당되는 것도 아니었다.

일반화시키기에는 인간관계의 폭이 넓지 않지만, 주위 많은 여성이 나와 비슷한 고민을 하곤 했다. 그런 그들에게 우리 부부의 동거 상태는 공공연한 비밀이나 마찬가지였다. 자신의 단점조차 웃음으로 승화시키는 개그맨처럼, 나의 치부를 드러내고 관계의 문턱을 낮췄다고 해야 할까. 하고 싶은 것 다 하고 사는 듯 보이는 나를 부러워하는 친구에게 "비구니처럼 사는 게 좋아 보이냐?"라고 얘기하면, "내가 미쳐" 하면서도 은근 즐거워하는 걸 보면 말이다. 하지만 그들이 알지 못하는 사실이 있었다. 어쩌면 부끄럽고 자존심 상할 수 있는 얘기도 아무렇지 않게 꺼낼 수 있단 건 그만큼 남편과 내가 신뢰로 맺어진 단단한 관계란 걸, 속살을 맞대고 기분 좋은 나른함에 취해 사는 삶보다 목표를 이루고 멋지게 성장할 내 모습에 더 가치를 둘 뿐이란 걸 말이다.

사랑하는 사람이라도 내 인생을 의지하지 마라.

"자기야, 나 혼자 여행 좀 다녀오고 싶어"

"…."

"혼자 애들 볼 수 있겠어?"

"다음 주 바빠질 것 같은데…."

얼마 전, 10년간 몸담았던 부서를 떠나 새로운 업무에 적응 중인 남편에게 난데없이 여행 다녀온다는 얘기를 꺼냈다. 자신의 상황을 알면서도 꼭 그래야겠느냐 묻는 남편의 침묵 앞에 사정이야 어쨌든 멀리 떠나고 말겠다는 고집이 발동됐다. 뭐 하나에 꽂히면 질릴 때까지 보고, 듣고, 먹는 성격 탓에, 여행도 참고 절제한 순간보다는 저지르고 보는 편이 더 많았다. 그런 나에게 집에 들어가서 얘기하자는 남편의 한마디는 가뜩이나 움츠러든 기분을 더 가라앉혔고, 다시 여행 이야기를 꺼냈을 때는 이미 마음이 차갑게 돌아서 있었다. 자신도 어찌할 줄 모르는 감정적 혼란에 빠져 상대방의 망설이는 태도마저 거절과 거부의 의사 표시로 받아들였던 것이다. 그리고 이렇게 뜻이 한번에 관철되지 않으면 몇 배로 불편하게 만드는 게 나의 특기였다.

여행을 떠나려는 이유는 온전히 혼자 있는 시간을 통해 소란스러운 감정과 부정적인 생각의 끝을 따라가 보기 위함이었다. 자신을 잘 끌고 가는 듯하다가도 일이 안 풀린다 싶으면 마음의 문을 닫는 악습. 나의 기분이 남편의 컨디션을 좌우하고, 아이들의 정서에도 그대로 반영된다는 걸 알면서 감정이 삭제된 로봇처럼 반응할 때가 많았다. 그런 내가 싫고 견딜 수 없어서 여행으로나마 잠시 분리되길 바랐던 것이다. 아이들 돌보는 건 어떻게든 해결되겠지…. 나는 늘 이런 식이었다. 마음에 어떤 목소리가 들려오면 현실적 책임은 뒤로한 채 욕구가 이끄는 대로 행동하는 사람. 때론 원하는 바를 달성하기 위해 사전분위기를 조성하고, 어느 정도 소원성취했다 싶으면 1인 단막극을 내리기도 했다.

책임의 굴레에서 벗어나라

마음이 심란하고 답답할 때 어디든 갈 수 있다면 무슨 문제겠냐만, 사람들과 얘기 나누다 보면 자유를 갈망하면서도 스스로 만든 책임의 굴레에 갇혀 옴짝달싹 못 하는 경우를 엿보곤 했다. 엄마가 없으면 없는 대로 아이들이 알아서 할 수 있는 일도 '엄마라면~해야지' 같은 당위성을 내세워 가족 위주의 시간을 거닐고 있는 것이다. 이유야 '세상이 불안해서 믿을 수 있어야지'라고들 하지만, 정말 그렇게 위험하기만 할까? 주위 사람들을 믿고 신뢰하기만 하면 필요할 때 도움 줄 사람들은 얼마든지 많다. 일례로 나는 서울 다녀올 일이 있을 때, 집 근처 분식집을 1일 도우미로 삼는다. "김밥 한 줄은 꼭 먹어. 떡볶이는 1인분만. 순대는 자유다"라고 일부 조건 사항이 따르긴 하지만, 사장님께 계좌 이체해드리고 나면 원하는 대로 별미를 차려주시니, 꼭 밥걱정에 얽매일 필요가 없다.

가족을 내팽개치고 하고 싶은 대로, 즐기고 싶은 대로 다 하고 살라는 말은 아니다. 집도 매일 창문 열고 환기를 해야 곰팡이가 침투하지 않듯, 삶이 다소 퍽퍽하다 느껴지면 스스로 마음을 들여다보고 보듬어줘야 하는데, 우리네 엄마들에겐 그러지 못할 수십 가지의 사정이 있는 게 안타까울 뿐이다. 하지만 자신의 삶을 가족 구성원 안에 갈아 넣고 가족을 위해 희생했다 말하면 누가 알아줄까? 그게 스스로 바라고 기대하는 모습일까? 주말이면 혼자 골프 치러 나가는 남편이 불만인 친구에게 "그럼 네가 먼저 나가"라고 말해도 남편에게 애들 맡기는 게 불안해서 지레 단념하는 걸 보면 어쩔 수 없다. 독박 육아의 무게를 견디는 수밖에.

마음속으로는 자유롭게 친구도 만나고 자신을 위한 시간도 보내고 싶으면서 정작 기회가 있어도 뿌리치는 사람들을 보면, 이렇듯 자녀에 대한 무한책임을 지고 있는 경우가 많다. 되고 싶은 내 모습을 이루기 위한 삶이 아닌, 되길 바라는 아이 모습을 형상화해 놓고 아이 스케줄 위주로 사는 것이다. 그리고 이들 중에는 가까운 곳으로 여행 가는 일조차 주도적으로 추진하지 못하고 꼭 타인이 나서주길 바라거나, 혼자 아이들 데리고 나가는 걸 부담스러워하는 사람들을 여럿 볼 수 있었다. 그러니 배우자가 자기만의 세계에 갇혀있거나 가족과 함께하려는 노력을 보이지 않을 때, 다툼이 일고 분노가 되어 점점 서로의 마음에서 경로 이탈할 수밖에. 이런 악순환의 고리를 끊는 방법? 간단하다. 아이와 남편이 아닌, 나 자신을 우선시에 두고, 나 자신부터 행복해지는 것이다.

부부는 일심동체? 이심이체!

가만 생각해보자. 나만 바라보는 아내, 남편…. 어쩐지 생각만 해도 부담스럽다. 아이들 데리고 병원 가는 일, 마트 가는 일 같은 소소한 일조차 꼭 함께여야 한다면, 도대체 언제 각자의 시간을 보낸단 말인가. 부부는 일심동체란 말도 서로가 완전히 독립적인 개인이 될 때 얘기다. 각자 자신에게 주어진 삶에 최선을 다하는 모습에서 존중과 애정이 싹트는 것이지, 무조건 동행한다고 해서 일심동체가 아니란 말이다. 더구나 한 사람이 성장하고 발전하는데 혼자 독서하고 사색하는 시간은 필수이거늘, 왜 남편의 승진 시험 준비를 위해서는 몇 년을 참고 기다리면서 자신을 위한 시간은 기꺼이 투자하지 않는지. 비단 자기계발을 위한 시간뿐만 아니라, 친구와 약속 하나 잡는데도 가족 구성원의 눈치를 보는 걸 보면, 본인 스스로 얼마나 삶을 제약하고 사는지 느낄 수 있다.

우리는 한 가족, 운명 공동체란 생각으로 뭉쳐있는 남편에게는 다소 상처가 되고 서운할 수 있겠지만, 나는 잊을 만하면 우리는 언제든지 헤어질 수 있는 사이임을 인지시키곤 했다. 좋은 점이라면, 덕분에 남편은 부적응을 호소하면서도 나에 대한 긴장의 끈을 놓지 않았고, 나 역시 적당히 잘 살 만한 여건에서도 마냥 늘어지지 않고 자아발전을 추구할 수 있었다. 내 인생 내가 책임져야 한다는 의식 하나로. 그러니 평생 먹여 살릴게, 평생 책임질게, 라는 말들은 이제 그만하자. 각자의 인생은 각자 잘 살아내는 것이지 누가 책임지고 말고 할 것의 성질이 아니다. 사실 일을 안 하면서도 전공인 중국어 감각만큼은 잃지 않으려고 노력한 것도 언제든 경제활동에 투입될 수 있는 능력을 갖추기 위함이었다. 위기 발생 시 대처할 만한 적절한 마음가짐을 지닌 덕분일까. 하루는 남편이 이런 속마음을 고백한 적이 있다. "회사 사람들이랑 얘기하는데, 다들 '내가 없으면 우리 가족은 어떻게 하나' 같은 걱정을 해. 그런데 나는 내가 없어도 자기가 가정을 잘 지켜낼 거란 믿음이 들어"

꿈이 있는 아내는 남편도 키운다

많은 여자가 불행한 결혼생활에도 불구하고 헤어지지 못하는 데는 다 이유가 있다. 아이들 때문이라고 하지만, 사실 혼자 살 만한 능력이 없어서다. 맘 카페에 드라마로 각색해도 좋을 만큼 상식 파괴의 행동을 일삼는 시댁 얘기를 늘어놓는다고 상황 개선에 도움이 될까? 아니면, 남편을 남의 편이라 부르며 고부갈등과 가정불화의 주범으로 몰아세우면 하늘에서 위로금이라도 툭 떨어질까. 모든 불행의 원인을 남편에게 전가하기 전에, 그 말을 하는 우리네 여자들은 아무런 하자가 없는 완벽한 아내인지 반문해 본다. 반복적인 불평과 하소연을 할 시간에 차라리 경제활동을 하거나 자신을 갈고닦는 데 에너지를 쏟는 게 어떨지. 《꿈이 있는 아내는 늙지 않는다》라는 책 제목처럼 꿈을 향해 노력하는 아내는 자신도 성장하지만, 곁에 있는 사람에게 더 나은 사람이 되고 싶다는 생각이 들게끔 자극하니 말이다.

여자들이 잘사는 시댁, 능력 있는 남편을 만나길 바라는 마음만큼 남자들도 장인 장모 잘 만나서 덕 보고 싶은 마음, 돈 잘 버는 아내 덕분에 편하게 살고 싶은 마음은 똑같다. 너도, 나도 부족한 존재인 건 마찬가지. 그러니 다른 사람에게 기대어 살고픈 생각은 버리고, 당장 일은 안 해도 밥벌이를 할 수 있는 무기 하나쯤은 마련하자. 자신을 챙기고 아껴주는 거야말로 나를 향한, 상대방을 향한 최선의 사랑일 테니까.

'진짜'들의 치명적 매력。

자석처럼 끌리는 사람들에게는 공통점이 있다. 서로 알고 만난 것도 아닌데, 친해지고 보면 다 책 좋아하고 베풀 줄 알고 자기 자신의 삶을 가꿀 줄 아는 사람들이라는 것이다. 결혼하고 타지에 정착하는 동안 여러 사람을 만나고 헤어졌지만, 오랜 시간 소통하며 지내는 지인 중엔 열린 마음을 소지하지 않은 이가 아무도 없었다. 대학 어디 나왔고, 남편 직업은 무엇이며, 사는 곳이 어디냐고 묻고 대답하지 않아도 좋은 사람들. 가까이 다가가고픈 멋진 사람들에게선 모두 우아하고 지적인 분위기가 흘렀다. 재미있는 사실은 이들 대부분이 수도권에서 왔거나, 서울을 수시로 드나드는 사람이었다는 것이다.

지방에 산다는 것

버스 하나만 타면 서울 어디로든 이동할 수 있고, 밤늦게까지 시외버스가 다니는 수도권에 살다가, 저녁 10시만 되면 대중교통이 끊기고, 바로 옆 도시도 버스터미널에 가야만 이동 가능하다는 사실이 한동안 나를 힘들게 했다. 사람들의 왕래가 드물다면 모를까. 하루에도 옆 도시로 이동하는 사람이 수두룩한데, 시내에서 연결되는 대중노선이 없다는 게 쉽게 이해되지 않았다. 어딘가 폐쇄적이고 고립된 느낌. 하지만 더 답답한 건 따로 있었다. 바로 갈 만한 문화공간이 적다는 것. 지금이야 과학관, 공연장이 새로 생겼다고는 하지만, 서점처럼 일상적으로 드나들 수 있는 공간이 부족해서, 비 오고 눈 오는 날 마트마저 문 닫으면 지역 사람들 다 어디로 가나 걱정해야 할 판이었다. 대형서점이 있었으면 하는 건, 꿈 같은 바람이다.

오랜 시간 사는 곳에 정붙이지 못하고 마음이 떠돌았던 데에는 '홍수나 가뭄 없어서 살기가 제일 좋다'라고 말하는 지역 사람들의 뇌새김도 한몫했다. '어떻게 자연재해가 없다는 사실만으로 살기 좋은 도시가 될 수 있지? 그럭저럭 먹고 살기만 하면 만족한다는 얘기인가?' 당시엔 1시간만 나가도 명산이 널려있고 바다가 가깝다는 사실에 감사하기 전이라, 연배 있으신 분들은 그렇다 쳐도 또래의 젊은 사람 입에서 이 같은 발언이 나올 때면 인연을 접고 또 접었다. '그거 아니? 지역신문에서 통계를 보면 전북은 늘 하위권이야. 가끔 뒤에 00도나 00도만 있을 뿐이지. 현실을 좀 객관적으로 보자고' 하지만, 누가 알았을까. 편견에 오만이 더해진 이러한 시선이야말로 내 안의 본질적인 문제는 외면한 채 환경 탓만 하며 제자리걸음 하게 만드는 가장 큰 장애물이었다는 사실을.

마음에 위안을 주는 사람

나의 뇌에 향긋한 봄바람을 불어넣어 준 건 익히 경험하지 못했던 새로운 즐거움을 선사하는 지인들의 존재였다. 하루하루 아이와 시간 보내기 급급했던 육아 초창기 시절, 지방살이의 답답함을 안주 삼아 수다 떨 수 있는 사람들이 있단 건 타지에 발붙일 수 있는 정신적 기둥이나 다름없었다. 하루는 오후 3시가 지나 남편으로부터 회식 예정이란 문자를 받고 난감해할 때, 마침 근처에 사는 언니가 호프집에 가자는 제안을 보내왔다.

"응? 애는 어쩌고?"

"나는 민우 데리고 종종 가는걸? 유모차에 앉혀놓으면 되지!"

"캬~ 이 멋진 여자 좀 보소. 이런 걸 왜 이제야 알려준 거야?"

한 번도 생각해 본 적 없는 공간에서 보내는 낯선 데이트. 사람이 없는 이른 시간에 폴딩도어가 완전히 오픈된 창가 쪽 자리에 앉아 맥주 한 모금을 마시자 온몸이 이완되는 게 느껴졌다. 몸에 흘러 들어가는 액체가 무엇이든 종류는 상관없었다. 분위기에 취하고 감정에 취해 우리도 한때 잘나가던 여성이었다는 것을 상기하며 서로의 삶을 보듬을 수 있단 게 얼마나 행복하던지. 참 좋은 사람을 만난다는 건, 30대 초반 젊은 엄마가 누릴 수 있었던 가장 큰 기쁨이자 위안이었다.

사람이 꽃보다 아름다워

며칠 전, 선선한 바람이 부는 가을 저녁, 아끼는 동생의 책방 개소식에 다녀왔다. 책을 다 읽고 덮으면 전반적인 느낌만 남는 나와 달리, 책 속의 문장을 지표 삼아 자기 생각을 조리 있고 명료하게 전달하는 아이였다. 내 일처럼 기쁘고 뿌듯한 마음에 달려가 보니 우리 둘의 연결고리가 되어준 S 언니가 먼저 와있었다. 앞에서는 초청된 가수가 기타 연주를 하며 노래 부르고 있고, 자리에 함께한 이들도 축제를 즐기며 축하하는 분위기가 이어졌다. 하지만 나는 자리에 어울릴 만한 마땅한 선물을 준비하지 못했다는 생각에 서서히 마음이 불편해지고 있었다. 이게 다 미루고 미루다 늘 시간이 임박해서야 움직이는 성격 때문이었다. 고민 끝에 시중에서 구하기 힘든 책 한 권과 간단한 메시지를 담은 카드를 준비했지만, 초대해 준 이의 마음에 보답하지 못하는 빈약한 정성이 부끄러워 집으로 돌아갈 때까지 건네기가 힘들었다.

초대받은 손님들이 각자 집으로 돌아가고 몇 명 남지 않은 늦은 시각. S 언니가 어디선가 케이크를 들고 등장하더니 주인공을 위한 마지막 이벤트를 마련했다. 그 모습을 보며 한 사람의 아름다운 마음이 얼마나 많은 사람을 따뜻하게 만드는지 오롯이 느낄 수 있었다. 타인을 위해 정성을 기울인다는 건 잘살고 못 살고의 문제가 아니었다. 언니는 곁에 있는 사람에게 연결되어 있다는 기쁨과 안정감을 선사하고, 타인의 행복을 위해서라면 본인이 도울 수 있는 범위 내에서 최대한 돕고자 노력하는 마음 그릇이 큰 사람이었다. 향기로운 사람 곁에는 사람이 몰려드는 법. 나 역시 꽤 오랜 시간 언니의 관심과 애정이 멀어지지 않는 거리에서 맴돌며 가끔 꿀을 받아먹고 외로움과 공허함의 허기를 채우고 있었다.

마음을 끌어당기는 매력

나고 드는 사람이 많은 지역에서 살다 보니 어쩔 수 없이 감수하게 되는 것들이 있었다. 정말 괜찮은 사람을 만났다 싶으면 헤어지는 아쉬움. '여기는 사람을 고이지 못하게 하는구나….' 왜 꼭 오랫동안 가까이하길 바랐던 사람들만 떠나는지, 중고거래를 통해 인연이 된 Y 언니가 그랬다. 마음 가는 이에게 아낌없이 베푸는 나무 같은 사람, 모든 좋은 것을 공유하길 바라는 사랑스러운 여인네였는데, 절대 떠날 일 없다고 해놓고 멀리도 가버렸다. 관계란 늘 더 궁금하고 더 보고 싶어 하는 자가 주동적으로 움직이는 법. 내가 먼저 연락하지 않으면 금방 소원해질 듯한 느낌이 들 때면, 나를 잊지 말라는 마음으로 작은 선물을 보내며 근근이 관계를 이어갔다.

그러던 어느 날, 언니가 하는 카페를 검색하다 지역신문에 실린 언니의 인터뷰 기사를 보게 되었다. 점점 더 멀어지는 간극. 더 이상 '그냥' 연락할 수 없었다. '요즘 뭐 하고 지내냐고 물어보면 뭐라고 대답해야 하지? 잘 지내고 있다고? 뭐라도 하나 만들어야 하나?'

내가 말로만 꿈을 꾸고 커리어 우먼이라는 가면을 쓴 채 살아가는 동안 지인들은 자신의 자리에서 할 수 있는 일을 찾으며 꾸준히 성장하고 있었다. 그들이 한 단계 한 단계 성취를 이루는 동안 과연 나는 무엇을 하고 있었나…. 일시적인 자괴감에 빠져 사람들과 만남을 차단한 채 마음을 닫다가도, 또 언제 그랬냐는 듯 만남을 갈구하는 상태로 돌아섰다. 단순히 부럽거나 질투하는 감정과는 결이 다른, '아무것도 아닌 상태로 있는 게 지긋지긋해', '나도 뭔가 이루고 싶어'라는 내적 욕망이 갈 길을 잃고 잘나가는 지인들에게 엉겨 붙어있었던 것이다.

한때는 나도 내가 썩 괜찮은 사람이라는 만족감에 빠져있을 때가 있었다. 사람들에게 인기 좋을 만한 물건을 나눔 하고, 때론 호감 가는 사람에게 책과 손편지도 전달하며 살아있는 기분을 느끼기도 했다. 하지만 그건 어디까지나 자기만족을 위한 선택이었을 뿐, 그 자체로 나의 존재가치가 높아지는 건 아니었다. 그보다 나 자신에게 솔직하게 물었어야 했다. 일회성 짧은 접속으로 끝나는 만남 말고, 오랜 시간 내 곁을 지켜준 친구들에게 진심으로 관심을 갖고 그들의 목소리에 귀 기울인 적이 있는지, 과연 누군가에게 '이 사람이 내 친구입니다'라고 자랑스럽게 얘기할 수 있는 든든함과 따뜻함을 나눠준 적이 있는지. 그리고, 지금 당장 시작할 수 있는 가장 '나'다운 일이 무엇인지를 말이다.

하루에 3시간,
무조건 내 것。

하루의 시작을 오롯이 혼자 보내기 위한 나의 '시간 쟁취 역사'는 아이들이 어린이집에 다닐 무렵부터 시작되었다. 아이들의 성실한 출석으로 벌어들인 시간을 자질구레한 살림과 의미 없는 잡담으로 채우기엔 어쩐지 죄책감이 들었다. 그렇다고 능동적으로 할 수 있는 일을 찾자니 절박함이 없고, 가만히 있기엔 나 홀로 낙오자가 되는 것 같은 불안이 엄습했다. 이런 상황에서 애쓰지 않고도 즐기며 할 수 있는 일은, 독서. 시간을 헛되이 보내지 않았다는 안도감, 혼자 있어도 외롭기는커녕 안정감과 평온함을 주는 것 중에 책만 한 게 더 있을까? 그렇게 혼자 있는 시간 대부분을 책과 함께 보내다 보니 책 읽는 게 숨 쉬듯 자연스러운 일상이 되고, 이제는 어디서 무엇을 하더라도 '그녀를 만나기 1시간

전'에 커피숍에 착석하는 게 나만의 룰이 되었다.

한번 들인 습관은 혼자 있음이 마냥 자유롭지 못한 주말에도 예외가 없었다. 가족과 외출하는 날이든 혼자 있는 날이든 오전에 내 시간을 갖는 게 신성불가침의 영역이 된 것이다. 하루에 딱 1시간만이라도 내 시간을 가지면 감정 조절 장치가 잘 충전돼서 모든 반응이 유연하게 변했다. 운전하는 거 피곤해? 내가 할게. 얘들아 뭐 먹고 싶니? 엄마가 사줄게! 뭐 이제는 눈치껏 알아서 아침 챙겨 먹고 외출 준비까지 짝 마치는 남편의 공로도 무시 못 하지만, 그도 정확하게 인지하고 있었을 테다. 가족 나들이의 성패를 좌우하는 건 아내의 천금 같은 자유시간이라는 사실을.

운동하는 게 돈 버는 일

일상을 규칙적이고 균형 잡히게 만드는 중요 일과 중 하나가, 바로 운동하는 시간이다. 하루를 놓고 보았을 때, 이 시간만큼 알차고 밀도 있는 시간이 또 있을까? 요가 매트에 서서 눈으로 스캔한 동작과 신체로 표현하는 모습이 일치하도록 애쓰다 보면, 딴 생각이 침투하더라도 금방 내 몸의 호흡과 땀방울에 집중할 수 있었다. 집중이 잘 될 때는 잘 되는 만큼 열심히, 안 될 때는 '오늘은 몸이 좀 무겁네' 하고 적당히. 이렇게 운동의 맛을 알아가다 보니, 예전에는 부부 싸움을 하거나 스트레스받는 일이 있을 때 커피숍으로 향했다면, 지금은 가볍게 산책하거나 운동하러 가는 편이다. 산만하게 흩어진 마음을 붙잡고 있느라 뭘 해도 집중이 안 될 바에야 스트레칭하는 수준에 머물더라도 몸을 움직이는 게 가장 효과적인 기분전환 방법이 된 것이다. 먹는 거로 해소하기엔 돈 들지, 살찌지, 소화 안 되지! 아무리 먹방이 쏟아지고 엘리베이터에 치킨 냄새가 진동해도 유혹당하지 않는 건, 오늘 할 운동을 내일로 미루지 않는 오랜 습관 덕분이었다.

사실 큰 의지를 발휘하지 않고도 운동센터로 향하는 힘은 '머니'에 있기도 했다. 쉽게 말해 돈 아까워서라도 빠질 수 없는 것이다. 한 달 수강료 10만 원. 주말 제외하고 하루당 5,000원으로 잡았을 때, 한번 빠지면 커피 한 잔 가격이요, 두세 번만 빠져도 책 한 권이라 생각하면 오늘 하루쯤이란 생각을 단번에 박살 낼 수 있었다. 사고 싶은 책도 슬쩍 내려놓는 마당에 운동을 빠진다고? 그래서 기껏 운동하러 와서 조금 힘들다고 중도 포기하고, 하는 둥 마는 둥 하는 친구들을 보면, 옆에 가서 넌지시 얘기하고 싶었다. "이왕 하는 거 제대로 해봐. 이거 다 우리 돈 내고 하는 거라고!" 너 나 할 것 없이 다들 밥 한 끼, 커피 한 잔 사는 걸 주저할 때가 있을 텐데, 왜 운동에 투자한 돈은 쉽게 생각하는지…. 당장 지갑에서 나가는 적은 돈은 크게 보이고, 이미 지출한 목돈에 대한 감각은 빠르게 무뎌지는 걸까.

한 운동센터를 오래 다니다 보니 선명히 보이는 것들이 있었다. 수업 시간에 열심히 하는 사람은 잠시 잠깐이라도 시간을 내서 오고, 설렁설렁하는 사람은 얼마 못 가 사라진다는 사실. 결국 의지 문제였다. 살을 뺄 의지가 있느냐 없느냐, 날씬한 맛을 들이느냐 마느냐. 나의 경우엔 갈까 말까 망설이는 시간 보다 안 가고 후회하는 시간이 더 길다는 걸 알기에 설거지를 하다가도 허둥지둥 달려가는 날들이 많았다. 언제 고민했냐는 듯이, 단 5분이라도 놓치지 않겠다는 필사적 각오로. 따지고 보면 요가도 처음부터 좋아했던 것은 아니다. 아이들 낳고 키우다 보니 내 여건에서 쉽게 접근 가능한 운동이 요가라서 시작했을 뿐. 시작이야 어쨌든 꾸준히 하다 보니 습관이 되고, 정 하기 싫을 때는 언제 어디서 썸씽이 일어날지 모른다는 상상을 하며 운동 의욕을 끌어올리곤 했다.

혼자 있는 시간은 나의 힘

책 읽는 시간이든 운동하는 시간이든 중요한 건 나만의 시간 갖기이다. 마음이 질투, 조바심, 자책으로 들끓을수록 혼자 있는 시간이 절대적으로 필요했다. 내 감정을 다스리지 않고서야 눈앞에 보이는 모든 것들이 불편한 덩어리로 느껴지고, 급기야 별거 아닌 일로 트집 잡기 마련이니까. 이럴 때는 청소를 하더라도 아무도 없는 상태에서 하는 게 마음을 진정시키는 데 큰 효과가 있었다. 냉장고에서 먹다 남은 음식을 꺼내 버리고, 안 입는 옷과 자리만 차지하고 있는 물건들을 정리하다 보면 비워지는 공간만큼 여유가 스며들었다. 새로 시작하는 기분으로 대청소를 하다 보면 풍족한 삶에 대한 감사함이 절로 드니, 이는 곧 회식 자리에서 만취해 들어와도 다음날 슈퍼맨처럼 출근하는 남편을 향한 애정으로도 이어졌다.

언젠가 잡지에서 내성적, 외향적 성격의 구분은 스트레스 해소 방법에 따라 나뉜다는 글을 본 적이 있다. 글에 따르면, 기분이 가라앉을 때 친구들과 만나 수다를 떨기보다 혼자 있는 시간을 선택하는 나는 내성적 성격의 소유자이다. 그래서 그런가. 결혼 초반에는 감정대립이 생기면 말로 구정물을 다 뒤집어씌웠는데, 어느 순간 그저 입 다물고 조용히 밖으로 나가는 게 싸움을 피하는 방법이 되어버렸다. 감정이 격분한 상태에서 대면하고 있어봤자 마음에도 없는 자극적인 말들을 창조, 생산하는 데 능할 뿐이니 스스로 강제 격리를 시킨 셈이었다. 아무리 그래도 그렇지, 주양육자인 남편한테 나가라고 할 수는 없잖아? 갈 데 많은 내가 나와야지. 집 나와봤자 커피숍이지만 말이다.

내게 혼자 있는 시간은 그런 것이었다. 타인과 갈등하는 원인을 내 안에서 찾고, 자신의 잘못을 인정할 힘을 비축하는 시간. 그렇게 좋은 글을 읽는 데 집중하고 나면 미안하다, 보고 싶다, 사랑한다고 말하는 용기를 내기도 하고, 극단으로 치닫는 마음도 쏙 집어넣을 수 있었다. 마치 뿅망치로 두더지 잡기 하듯이 말이다. '너 자신을 괴롭히는 생각, 들어가!' 그러고 보면 남편과 나의 관계가 원만하게 유지되고 있는 것도 그와 나 사이에 놓인 여백 덕분인지 모른다. 우리 사이를 빛나게 하는 건 '뜨거운 사랑'이 아니라 서로에게 선사하는 '혼자 있을 자유'라는 사실. 내 인생을 풍요롭게 만드는 길은 나만의 시간을 얼마나 잘 가꾸느냐에 달린 것이지 꼭 누군가와 함께여야만 하는 것은 아니었다.

내 인생을 풍요롭게 만드는 길은 나만의 시간을 얼마나 잘 가꾸느냐에
달린 것이지 꼭 누군가와 함께여야만 하는 것은 아니었다.

4장。

나는 결혼하고 행복했을까
(feat. 사랑 받고 싶은 여자 vs 인정 받고 싶은 남자)

어느 날 남편이 지금 죽어도 좋다고 말했다。

아이들 다니는 태권도 도장에서 1박 2일 캠프를 진행해 주실 때면, 남편과 나는 으레 연탄구이에 소주 한잔하는 날로 삼는다. 온갖 회유에도 불구하고 뚝심 있게 옆자리를 지키는 둘째 아들이 있지만, 고기 덜어줄 입 하나가 줄어드니 한 점에 한잔하기에 더할 나위 없이 평온한 분위기를 낼 수 있다.

마음이 한껏 이완된 상태가 되니 며칠간 속 끓이고 있던 문제가 자연스럽게 흘러나왔다. "내가 지난번에 카페에 글 올리고 댓글이 없으면 집착하게 된다고 얘기했지? 괜찮아진 줄 알았는데 아니더라. 이런 내가 너무 싫어서 훌쩍 제주도로 떠나 하염없이 걷고 싶었어" 한동안 고민하던 속마음을 털어놓으니, 남편은 이 순간 내 이야기를 들어주는 게 가장 소중한 일이라도 되는 듯 일시 정지 상태의 숨 고르는 시간마저 온몸으로 집중해 주었다. 부부 사이에 금이 가기 시작하는 게 대화의 부재에서 비롯된다고 하는데, 우리에겐 늘 나눌 수 있는 화제가 끊이지 않았고, 대화를 통해 서로의 생각과 일상을 공유하는 게 우리 사이를 지탱하는 큰 축이었다. 게다가 분위기가 건조하다 싶으면 둘 사이를 촉촉하게 적셔줄 이슬이도 있으니 이 얼마나 좋은가. 나에게는 남편이야말로 정신 붙들어 매려 애쓰지 않고 술잔 기울일 수 있는 유일한 존재이자, 아무리 내 위주로 각색된 이야기라도 내 편에서 맞장구쳐주는 편안한 친구였다. 그래서 아무리 집안에 영하 10도 이하의 냉기가 감돌아도, 때가 되면 자연스럽게 술잔을 앞에 놓고 마주 보곤 했다.

잘 통하는 부부 사이엔 뭔가 특별한 것이 있다

알코올이 위장에서 발효될 즈음, 남편을 살살 부추기기 시작했다. 다 놓고 떠나자고, 남는 건 가족과 함께하는 추억밖에 없다고. 나의 '열심히 노력 중입니다' 상태가 길어질수록 가장이란 무거운 타이틀을 짊어진 채 회사가 정해놓은 시간의 틀 안에서 살아가는 남편이 안쓰러웠고, 내가 누린 자유만큼이나 그에게도 자신만의 삶을 설계할 시간과 여유가 필요해 보였다. "우리, 뭐라도 하면 먹고살지 않을까?" 사실 떠남과 여행에 얽힌 이야기는 푸석푸석해진 일상에 생기를 북돋는 단골 술안주였지만, 이번에는 사뭇 진지했고, 약간의 비장감마저 감돌았다. "그럴까? 그럼 10월까지만 일할게. 준비해!"

실현 가능성과 현실성을 떠나, 여행 이야기를 나누다 보면 금방이라도 유토피아에 도달할 수 있을 것 같은 희망이 꿈틀거렸다. 이대로 낯선 땅으로 떠나기만 한다면 새로운 삶이 펼쳐질 것 같고, 다녀오면 어떻게든 다시 시작할 수 있다는 근거 없는 자신감이 충만했다. 무엇보다 각자의 꿈과 소망을 재확인하고 '해보자', '해내자', '할 수 있다' 다짐하는 작업만으로도 둘 사이를 연대하게 만드는 무언의 힘이 있었다. 이런 우리 부부의 모습을 가까이에서 지켜본 한 친구는 가끔 부러움 섞인 목소리로 얘기하곤 했다. "나도 남편이랑 소통지수 좀 높이고 싶어. 우리 남편은 여행 얘기 꺼내면 받아주지 못하고 향후 노후 계획부터 들먹인다니까" 세계 배낭여행. 아직은 이루지 못한 꿈일지라도, 대화의 장단이 잘 맞는다는 게 삶을 얼마나 매끄럽게 하는지, 얼마나 근사한 축복인지, 친구의 한마디 덕분에 발견한 값진 깨달음이었다.

제 인생의 판을 바꿀 만한 얘기가 오가거나 말거나, 게임에 몰두하고 있는 둘째 아이는 형 없이 스마트폰을 독차지하는 기쁨을 만끽하고 있었다. 이제는 한국 식당 어디에서나 볼 수 있는 흔한 그림. 남의 집 자식이 한 시간째 그러고 있으면 혀를 끌끌 찼으련만, 남편과의 대화에 출처가 불분명한 게임 캐릭터들이 난입하지 않으니, 보고도 모른 척 입에 고기만 쏙쏙 넣어주었다. 아무렴 어쩌랴. 아이가 먹는 모습만 봐도 배부르기 위해선 먼저 내 배가 차야 하고, 두서없는 아이의 말에 귀 기울이기 위해선 내 수다 욕구도 해소돼야 하는걸. 대화의 성찬 앞에선 나도 남편을 빼앗기고 싶지 않았다.

남편과 마시는 술이 제일 맛있어

남편과 술로 대동단결한 세월이 어느덧 15년째. 복분자, 이슬이, 막걸리를 순회 음주하는 시간 동안 다툼과 분쟁의 요소는 줄어들고, 서로를 긍정하는 마음은 커졌다. 더구나 우리에게는 대화의 활기를 띠게 하는 비장의 무기가 있었으니, 한때 같은 회사에 다녔다는 사실. 남편이 회사에서 사용하는 전문용어를 툭 던져도 찰떡같이 알아듣고, 익히 알고 있는 등장인물도 많으니 회사 얘기를 나누는 게 물 흐르듯 자연스러웠다. 그런 덕분일까. 남편은 늘 내게 "자기랑 마시는 술이 제일 맛있어"라는 최고의 사랑 고백을 하곤 했다. 그리고 그건 나 또한 같은 마음이었다. 나의 취향을 잘 파악하고 어디를 가나 시원한, 그것도 아주 시원한 술을 가져오는 이가 그였으니 말이다.

한때는 행복이란 게 잡지에 나오는 근사한 장소에서 잘 차려입은 사람들과 우아하게 어울리고, 가끔은 뮤지컬, 콘서트 같은 문화생활을 누리는 지적인 도시인이 되는 거라 여겼다. 하지만 멋드러진 공간에 가고 공연을 보는 게 잠깐의 기분전환은 될지언정, 그 효과는 뒤돌아서면 사라지는 신기루처럼 오래가지 않았다. 오히려 '내가 지금 뭐 하고 있는 건가?' 싶은 자괴감만 커질 뿐. 한참을 헤매고 나서야 내가 간절히 바라는 건 기분을 나아지게 하는 잠시 잠깐의 쾌감이 아니라, 내면의 울림을 직시하고 돌파해나갈 용기란 걸 알게 되었다. 아울러 행복은 가장 가까이에 있다는 흔한 사실도. 모든 게 당연한 듯 여겨지는 일상 속에서 행복 에너지를 끊임없이 발굴, 채집하는 능력이야말로 우리가 갖추어야 할 소양이었던 것이다. 그렇게 새로운 '눈'을 갖고 평온한 숨결을 내쉬던 어느 날, 평소와 같이 복분자를 반주 삼아 식사하던 남편이 만면에 부드러운 미소를 띠고 내게 말했다. "자기야, 나 지금 죽어도 좋을 것 같아"

한참을 헤매고 나서야 내가 간절히 바라는 건
기분을 나아지게 하는 잠시 잠깐의 쾌감이 아니라,
내면의 울림을 직시하고 돌파해나갈 용기란 걸 알게 되었다.

부부 사이에 일방통행은 없다。

"자기야, 나 친구들이랑 해외여행 다녀와도 돼?"

어느 날 남편이 식사하다 말고 조심스럽게 물어보길래 뭘 당연한 걸 물어보냐는 듯 대수롭지 않게 대답한 적이 있다. "갔다 와. 내가 언제 반대한 적 있어?" 나로서는 평소에 남편이 아내의 외출을 적극 후원해 주는 까닭에 반대할 이유가 전혀 없었지만, 감추어진 속셈은 따로 있었다. 기브 앤 테이크의 전략적 실현, 먼저 보내고 나도 떠나기가 그것이었다. 평소 새로운 세상을 동경하고 떠나기를 주저하지 않는바, 남편의 여행도 만류할 이유가 없었다. 게다가 많은 기혼 여성들이 남편의 회식, 친구, 취미 생활을 놓고 갈등을 빚을 때, 우리 집은 남들과 거꾸로 돌아가는 경향이 있어서 내심 미안한 마음도 쌓이고 있었다. 그런데 이를 한 방에 만회할 기회가 생겼으니, why not?

'허락'이란 말이 주는 무게감

남자들이 잘 모르는 사실, 어쩌면 알면서도 모른 척하는 사실이 있는데, 아이들이 어느 정도 크고 나면 남편의 부재는 아내의 자유이자 해방이 될 때가 많다. 저녁 준비, 반찬 걱정이 줄어든다는 이유 하나만으로도. 심지어 가족과 제주도 여행을 떠났던 지인은 이런 명언도 남겼다. '남편 먼저 가고 이제부터 진짜 여행 시작!' 그래서일까. 가끔 지역 커뮤니티에 '남편이 친구들이랑 여행 간다는데, 허락해야 할까요?' 같은 글이 올라올 때면, 같은 여자지만 섣불리 그녀들의 입장에 동조할 수 없었다. 우선 '허락'이란 말이 가당치 않았다. 미성년자 자녀가 부모에게 외박 허락 받는 것도 아니고, 누가 누구에게 허락을 받는단 말인가? 배우자의 동의가 없으면, 그저 포기하는 게 옳은 결정일까? 그 정도의 선택적 자유도 없이 무슨 낙으로, 무슨 재미로 산단 말인가!

남편의 여행을 반대하는 이유는 대게 두 가지 범주에 속했다. '너만 가냐? 나도 가고 싶다' 대 '가서 무슨 짓을 할지 어떻게 알고?' 그러고는 남편한테 술을 왕창 먹이니 '친구 누구누구는 끝까지 갔는데, 나는 호텔로 갔다'라고 술술 불더라는 뒷이야기부터, '다들 서로에 대한 애정이 넘치는구나. 그래서 그만큼 구속하며 사는구나'라고 여기게 만드는 다양한 사생활이 쏟아졌다. 그런 현장에서 입바른 소리는 절대 금물. 상대방에 대한 일거수일투족을 감시하고 통제할 만큼 믿음이 없다면 혼인 관계를 유지할 의미가 있겠냐는 말을 하고 싶었지만, 후폭풍을 고려해 억지로 삼켜진 말들이 많았다.

특별할 게 없지만, 특급 사랑

공공연한 장소에서 말은 아꼈지만, 아무리 부부 사이라도 서로의 인생에 깊이 관여하는 게 좋기만 할까, '가족'이라는 이름 아래 늘 함께하는 게 즐겁기만 할까, 하는 의문이 걷히지 않았다. 나 하나 행복해지자고 동거인의 일방적인 희생을 강요해서도 안 되겠지만, 자신의 불안을 이유로 타인을 통제하려는 행위가 어딘지 아슬아슬해 보였다. 사랑이 뭐 특별한 건가? 나에겐 피로에 찌든 남편을 보며 주말에 혼자 푹 쉬라고 집 비워주는 것도 사랑이고, 한 달에 한 번, 급속도로 피곤하고 예민해지는 감정 상태를 예고해 주는 것도 사랑이자 배려였다.

그런데 문득, 남편과 연애하고 결혼에 이르기까지, 서로에 대한 신뢰를 키우고 믿음을 굳히는데, 자발적 선물 증정이나 이벤트 같은 물질적 요소가 끼어든 적이 거의 없다는 사실을 알게 되었다. 남자친구로부터 명품 가방을 선물 받고 그에 감동해 결혼한 친구도 있는 걸 보면 나름 효과적인 결혼 전략임이 분명해 보이는데, 나에게는 "나는 당신이 하고 싶은 일을 하며 살았으면 좋겠어"라는 단 한마디가 그 어떤 반짝이는 물건보다 귀한 선물이었다. 남편은 약속대로 내가 시도하는 모든 일을 적극적으로 지지해 주었고, 사적인 취미에 드는 고정지출에 대해서도 싫은 내색을 한 적이 단 한 번도 없었다. 물론, 둘 다 소비 지향적인 삶과는 거리가 멀고, 엉뚱한데 돈 쓸 사람이 아니라는 믿음이 있었지만, 누구나 가질 수 없는 너른 마음인 걸 알기에, 늘 고마운 마음과 미안한 마음을 동시에 안고 있었다.

남편에게도 비밀이 필요해

최근 남편이 꼭꼭 숨겨두었던 비밀 하나를 알게 되었다. 캠핑 갔던 날, 툭하면 잃어버리는 머리끈을 찾으려고 차 구석구석을 살피던 도중에 두툼한 봉투 네 개를 발견한 것. 상품권이었다. 온누리상품권, 신세계, 롯데…, 종류도 가지각색. 명절에 회사에서 나오는 상품권이 뜸하다 했더니 차곡차곡 모아놓은 모양이었다. 통보 없이 가져가기엔 평화협정에 위반되는 사항이고, 그냥 두기엔 금액이 꽤 커서 남편에게 살며시 다가가 물었다. “홍, 상품권이 비자금이야?”

얼굴에 당혹스러움이 가득 묻어나는 남편. 더 깊이 건드리면 기껏 즐겁게 보낸 주말을 망칠 가능성이 짙어서 모른 척 다른 일로 시선을 돌렸다. 그러자 불현듯 회사 다닐 때, 같은 팀 과장님이 비자금 만드는 법을 전수해 주셨던 게 떠올랐다. 타 부서에 근무하는 예비 남편을 의식해 장난삼아 알려주신 것이었을 꿀팁. 회사 내 동호회에 가입하면 매달 월급에서 회비가 빠져나가는데, 그걸 모아서 한 사람에게 몰아주는 식으로 계를 만드는 사람이 많다고 했다. 동시에, 혹시 남편도 그런 걸까 생각해보니 피식 웃음이 나면서 상품권 생각을 지워버렸다. '그래, 내 당신의 상품권은 지켜주지. 나도 아들 보험금 몰래 신청하려다 당신 핸드폰으로 접수 완료 안내 카톡 온 걸 보고 표정 관리해야 했으니….'

사실 상품권 뭉치를 찾아내기 전까진 남편에게도 자신만의 비자금이 필요할 거라고 생각 못 했다. '그래, 아무리 간섭과 제재를 가하지 않는다고 해도, 아내 눈치 안 보고 돈 쓰고 싶을 때가 있겠지!' 남편이 말하지 않는 비밀을 소유하게 하고, 모든 술자리를 회식으로 뭉뚱그리게 만든 건 내 공로가 8할은 되니 따지고 들 여지가 없었다. 그간 남편의 교우관계를 못마땅해하고, 시댁과 얽힌 문제라면 어깃장부터 놓던 나의 태도에서 기인한 것이 컸을 테니까. 이렇게 생각하니 상품권 가지고 있어서 뭐 하냐며 비딱하게 굴지 않는 게 얼마나 다행인지. 아무 일도 아니라고 생각하면 아무 일도 아닌, 그곳에 상품권이 있었다, 딱 거기까지였다.

내가 대접받고 싶은 대로 남편 대접하기

주말 캠핑하면서 각 한 병씩 비워갈 즈음, 남편한테 고백한 게 있다. “나는 자기와 결혼하고 삶이 더 풍성해졌어” 읽고 싶은 책 마음껏 읽지, 여행하고 싶을 때 훌쩍 떠나지, 친구 만날 때 일찍 들어오라고 잔소리하는 사람 없지. 실제로 부모님과 같이 살 때는 초저녁부터 걸려오는 전화에 놀아도 노는 것 같지 않은 불편한 마음이 컸는데, 결혼 후에는 한번 누우면 깊이 잠드는 남편 덕분에 집에 들어가는 길이 얼마나 편했는지 모른다. 그래서 나도 남편이 밖에 있을 때 “언제 들어올 거야?”, “일찍 들어와” 하고 전화하는 법이 거의 없다. 내가 방해받기 싫으면 남편의 시간도 존중하는 게 당연지사. 각자의 자유 시간에 동의해 놓고도 은근한 압박을 보낸다면, 김장철에 시댁에서 “올 테면 오고, 말 테면 말아라”라고 말하는 것과 뭐가 다를까.

나의 자유 시간이 소중한 만큼 남편의 자유를 인정하는 건 ‘공존 공생의 법칙’ 제1조나 다름없다. 특히 사적인 영역을 침범하는 행위는 있을 수 없는 일. 가끔 스마트폰에서 눈을 떼지 못하는 남편을 보면 뭘 저렇게 열심히 보나 궁금할 때도 있지만, 서로 간에 지켜야 할 최소한의 선을 넘으면서까지 알고 싶은 건 없었다. 설령 대화의 대상이 여자라 한들 남녀 간 우정이 가능한 일인가 따질 필요도 없이, 스스로 자신감 있고 배우자에 대한 믿음이 있다면 그것으로 된 것 아닌가. 행복한 가정을 이루는 길은 결코 서로의 '간섭'에 있지 않다. 내가 대접받고 싶은 대로 남편을 대접하는 일, 바로, 이 황금률을 '실천'하는 데 있다.

나의 자유 시간이 소중한 만큼 남편의 자유를 인정하는 건
'공존 공생의 법칙' 제1조나 다름없다.

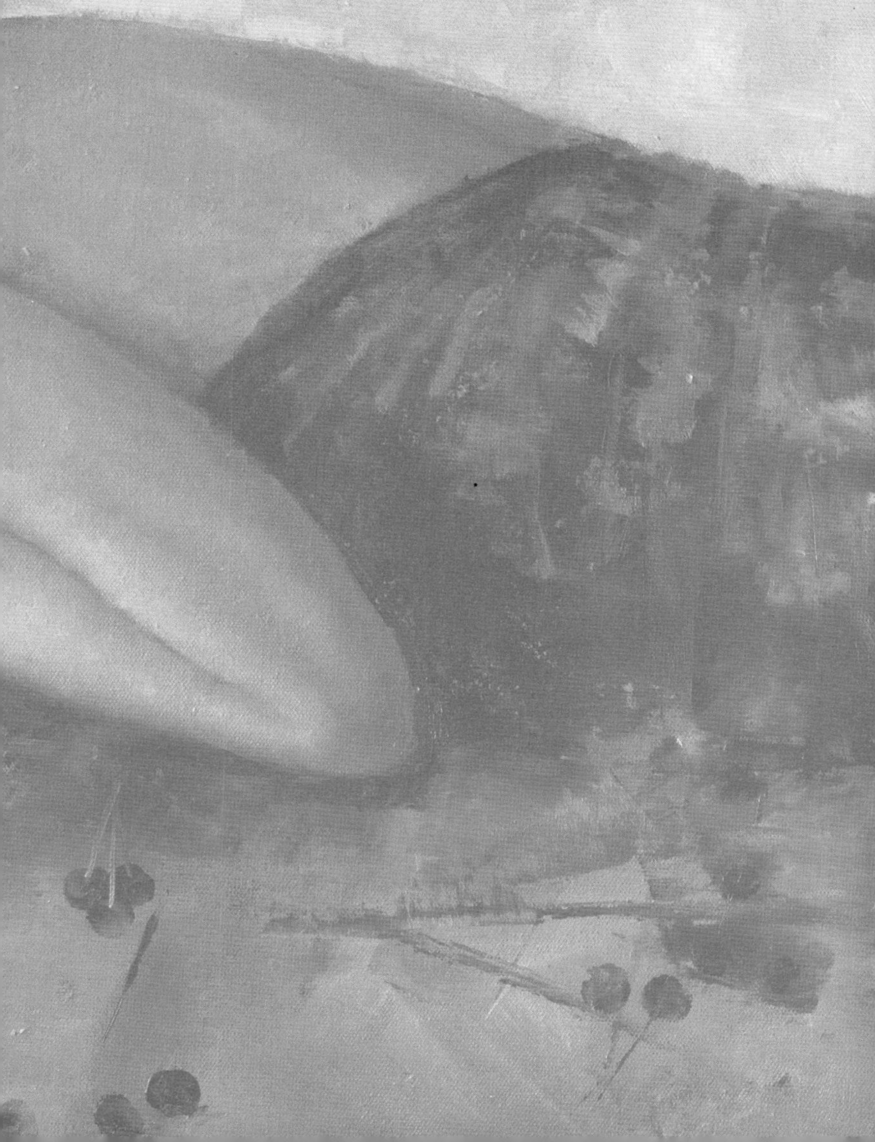

나는 남편의 휴가가 싫다。

아이들의 방학보다 더 부담스러운 게 있다. 바로 매년 돌아오는 남편의 하계휴가. 1년 중 가장 성수기에 속하는 시기라 어딜 가나 사람 많고 비싼 가격을 지불하는 것도 부담이었지만, 자신의 취향을 확실히 드러내지 않는 사람과 동행하는 건 세계 배낭여행자의 등에 짊어진 길고, 묵직한 가방처럼 느껴졌다. 프랑스 파리에 가고 싶다면, 에펠탑을 보거나 센 강을 걷고 싶다는 어느 정도의 목적이 동반되어야 하는데, 그냥 "프랑스!"라고 말만 하면 어쩌란 말인가. 혼자 훌쩍 떠나는 여행이면 모를까, 가족이 함께 가는 여행에서 두루뭉술한 욕구는 길에서 갈팡질팡하는 시간만 양산할 가능성이 크다. 그런 이유로 남편과의 여행은 항시 보이지 않는 다툼의 요소를 떠안고 있었다.

여행을 피하고 싶었어

올해도 어김없이 돌아온 휴가 시즌. 나 홀로 떠난다면야 어디를 갈지, 무엇을 할지 그때그때의 기분에 따르면 그만이기에 준비랄 것도 없지만, 남편과 함께라면 얘기가 달라졌다. 각자의 취향에 맞는 여행지를 정하는 건 비교적 수월한 편이었지만, 그 이후에 대한 논의는 미루거나 생략하곤 했다. 숙소는 어디로 정할지, 일정은 어떻게 잡을지, 아무것도 정해지지 않은 무계획 상태. 거기에 네 가족의 짐을 싸는 부담감도 오롯이 내가 짊어지고 있었으니, 휴가 얘기가 나올 때마다 불안한 눈빛과 체념 섞인 목소리가 자동플레이 됐다. 모처럼 새벽 출근에서 벗어나 휴가를 누려야 할 당사자가 아무런 입장 표명을 하지 않으니, 붙어있어야 할 시간이 다가올수록 스트레스가 증가했다. 솔직히 여름휴가쯤 안 간다고 해서 아쉬운 것도 없었다. 성수기가 지나면 비수기에 접어들기 마련이고, 나와 두 아들은 초특가 혜택을 톡톡히 보며 여권이 필요한 도시로 떠나곤 했으니까. 남편의 여름휴가는 그저 그렇게 흘러가길 바랐다.

디데이를 5일 앞두고서야 협상 타결된 여행지, 제주도. 남편이

10분 만에 항공권을 예매하고 렌터카를 대여하는 등 기본 준비는 속전속결로 진행되었지만, 떠나는 당일까지 정해진 일정은 아무것도 없었다. 그 흔한 블로그 검색도 여행을 기대하는 자의 몫. 의무와 책임의 무게가 일말의 기대마저 짓눌러서 막막하고 귀찮은 마음만 번져갔다. 그야말로 설렘 제로 상태. 남편과 스치기만 해도 온몸에 짜증이 묻어나더니, 결국 이른 기상의 피곤함, 여러 선택에 대한 후회가 범벅되어 김포공항 가는 내내 잦은 충돌을 빚어냈다. 게다가 남편은 엎친 데 덮친 격으로 '내비의, 내비에 의한, 내비를 따르는' 운전을 하며 다소 엉뚱한 길로 진입하고 있었다.

상황이 심상치 않게 돌아간 건 이때부터였다. 전날 주행 가능거리가 50킬로 이하로 떨어진 것을 알면서도 차에 기름을 넣지 않았던 까닭에 급하게 주유할 곳을 찾아야 했다. 경로 이탈. 친구 집에 주차하고 택시로 이동하려던 계획은 무산되고, 이제는 수속 마감 시간 내에 도착할 수 있느냐가 관건이었다. 글쓰기 근육을 만드는 데 집중해야 할 시기에 여행 가는 게 편치 않은 상황이었던 데다가 불확실한 스케줄, 거기에 길까지 헤매고 있으니 냉정심을 총괄하는 신경세포가 다 폭발해 버리고 말았다.

"도대체 왜 여기로 온 거야! 20~30분이면 도착할 양재를 돌고 돌아서 50분 만에 오는 게 말이 돼? 내가 몇 번을 얘기해! 제발 내비게이션만 믿고 다니지 말고 길이 어디로 어떻게 통과되는지 전체적인 경로를 보고 출발하란 말이야!"

길을 잘못 든 게 문제가 아니었다. 내 마음이 간절히 원하는 여행이 아닌, 남편의 휴가에 동행하는 데 의미를 둔다는 설정 자체가 마음을 어지럽히는 근본 원인이었다. 아이들 방학과 동시에 나만의 시간이 대폭 줄어들면서 해야 할 일을 미루고 있다는 생각도 한몫했다. 다른 게 아닌, 내 기분에서 싹튼 분노가 가시 돋친 말이 되어 남편에게 향했던 것이다. 불쌍한 남편만 '화'가 들끓는 차 안에 갇혀 옴짝달싹 못 하고 있었을 뿐, 길을 정확히 알고 있으면 얘기해 주면 될 것을 그저 촉만 내세워 비수만 꽂고 있었다.

'화'는 돌아온다

공항은 가까워지는데 아직 해결되지 않은 주차 문제. 남편은 내게 주차 대행을 알아봐달라고 부탁했지만, 분명 핸드폰으로 검색하고 있었으면서도 "당신이 알아서 해"라는 차가운 말로 대화의 여지를 차단했다. 그런데 누가 알았으랴. 이 모든 1인 버라이어티쇼가 허무하게 끝나리라는 것을. 시간은 흐르고, 안 되겠다 싶어 비행기 출발 시각을 연기할 수 있는지 문의하기 위해 수속 카운터로 냅다 뛰었을 때, 그제야 알게 된 사실이 있었다. 신분증이 없다! 공항으로 출발한 지 얼마 안 돼서 지갑이 파출소에 있다는 연락을 받았음에도 불구하고 신분증 생각을 못 했던 것이다. 평일이라면 공항 내 동사무소에서 재발급이 가능하다만 주말이라 안 되고, 성수기라 비행기 예약이 꽉 차서 다른 시간대에 출발할 수 있는지도 불투명하다고 했다. 이때 현실을 직시하게 만든 직원의 한마디. "다른 분들은 신분증 있으신 거죠? 가족 먼저 보내고 손님은 대기를 걸어 놓는 게 좋지 않을까요?"

이로써 남편과의 감정 대립은, 아니, 정확하게 말하면 나 혼자만의 발작은 상황 종료가 됐다. 남편과 아이들 먼저 보내고 나는 용인에 계신 친정 아빠에게 연락해 파출소에서 지갑을 찾아 공항 가는 리무진 버스 기사님한테 맡겨 달라고 부탁드렸다. 그 사이, 못다 한 주차를 마치고 커피숍에 정착하니 버스가 도착하기까지 1시간 30분 정도 남은 상황. 긴박했던 시간을 뒤로하고 혼자 책 보며 아이스 아메리카노에 베이글을 곁들이자, 되려 혼자 남겨진 이 상황이 즐거워지기 시작했다. '어차피 제주도 도착하면 렌터카 빌리느라 시간 소모되는데, 귀찮은 일 안 해도 되니까 얼마나 좋아?' 예고 없이 터져 나와 나를 휘청거리게 했던 '화'란 감정은 커피와 여유 한 모금을 마시면서 서서히 가라앉고 있었다. 나에겐 혼자만의 시간, 가족 단합에 필요한 에너지를 만들 시간이 간절했던 것이다.

뒤늦게 깨달은 사랑

일방적인 폭격에도 맞대응하지 않은 남편에 대한 미안함, 고마움이 스며들 즈음 제주에 도착한 일행으로부터 전화가 왔다. 커피숍의 은은한 조명 아래에서 둘째 아이와 영상통화를 하는데, 스마트폰 속 작은 화면으로 보이는 내 모습이 스스로 보기에도 편안해 보였다. 곁에서 슬쩍 보던 남편도 안도했는지, 마땅히 내가 먼저 했어야 할 사과를 보내왔다. "아까는 내가 미안했어" 내가 내 분노에 못 이겨 언성을 높이고 화를 낸 게 분명한데도 먼저 미안하다고 말해주는 남편을 보니 더는 마음과 위배되는 행동을 할 수 없었다. 비록, 나도 미안하다고는 말 못 했지만, 그도 느끼고 있었을 테다. '이제 제주 여행이 무사하겠구나'라고. 그렇게 화를 걷어내고 나서야 남편에 대한 사랑이 느껴지면서 새벽부터 나의 히스테리를 견뎌내느라 애쓴 그의 얼굴이 눈에 들어오기 시작했다.

일상 속에서 매번 느끼는 것이지만, 비행기를 놓친 사건을 통해 확실히 깨달은 게 있다. 바로, 부정적인 에너지를 발산하면, 반드시 그에 대한 대가를 치른다는 것. 처음부터 가족여행을 짐으로 여겼고, 만사 다 귀찮다는 느낌에 휩싸여 남편과 아이들을 대하는 태도에 오류가 나고 있었다. 애초에 남편에게 솔직하게 말하고 양해를 구했으면 충분히 내 의사를 존중해 줄 사람인데, 가족의 희생을 요구하면서까지 내 일에 몰입할 자신이 없으니, 선택은 스스로 내려놓고 불편한 기분에 대한 책임은 남에게 떠넘긴 것이다. 하지만 매번 갈등 상황이 발생할 때마다 감정적으로 반응하며 에너지를 소모하기엔, 그러느라 흘러가는 시간이 너무 아깝다. 의식 성장을 도모하고, 글쓰기 실력을 향상하기에 앞서 감정의 민낯을 들여다봐야 할 때. 늘 마음과 다르게 행동하려는 나를 인지하고, 중심을 잡는 하루하루가 쌓일 때, 바라는 삶도, 남편과의 관계도 원하는 대로 흐를 것을 믿으며 말이다.

남편과의 대화에도 통역이 필요해。

여름방학의 대장정도 종착역을 향해 가고 있다. 열흘 동안 용인 친정에 머무르며 운전한 시간만 기름값 10만 원어치. 하루는 일산에서 차량정체를 피해 저녁 늦게 이동하려던 계획을 뒤로하고 도로에 나섰다가 길에 꼼짝없이 갇히고 말았다. 내비게이션의 예상 도착 시간이 늘어날수록 온몸이 경직되고 있는데, 애청하는 라디오에서도 청취자들이 보낸 길 막힌다는 사연이 쏟아지고 있었다. "명절보다 더 막히는 것 같아요" 명절에 친정 방문하는 것도 상경하는 차량 행렬을 피해 심야에 움직이던 나였는데, 우유부단하고 냉철하지 못한 선택으로 역대 최악의 러시아워를 겪게 되었으니 제정신이 아니었다. 자책과 후회의 리사이클. 그러다 이대로 가다간 미쳐버리겠다 싶은 순간, 과감하게 상암 하늘공원 쪽으로 방향을 틀었다.

더 좋은 말은 없었을까

다음날. 운전하느라 육체에 피로가 쌓이고, 아이들과 붙어있느라 온몸에서 예민한 기운이 새어 나올 무렵, 남편과 전화 통화를 하다 응축돼 있던 짜증이 폭발하고 말았다. 분명 컨디션이 저조하다고, 그렇다고 아이 생일날 집에 있을 수만은 없는데, 무엇을 할지 두 아이의 의견이 일치되지 않는 상황이 너무 부담스럽다고 얘기했건만, 스마트폰 저편에서 들려온 한마디. "서대문 형무소나 독립기념관에서 행사하지 않을까?" (둘째 아이 생일은 8월 15일, 광복이다) "지금, 나보고, 거기 가보라고 하는 거야? 내가 어디를 갈지 몰라서 이러고 있는 거야?"

AI 로봇이라도 이런 반응을 보일까? 상대방의 감정, 상태는 헤아리지 않은 채, 들려오는 정보에 입각해 적절한 제안 하나 내놓고 본인은 할 만큼 했다고 말하는 게 느껴지자, 속에서 울컥 올라오는 게 있었다. 또 시작이구나…. 과연 내 얘기를 듣고 있는 게 맞는지 중간중간 듣기 평가라도 하면 모를까, 엉뚱한 소리에 화를 내면 매번 못 들었다, 잘 안 들렸다 같은 말들로 도피해버리는 태도에 더 화가 났다. 이는 남편과 불화하는 3대 레퍼토리 중 하나. 내가 원한 건, 나의 어지러운 감정 상태를 공감해 주는 말 한마디일 뿐인데, 마음의 피로를 녹여주는 말은 고사하고 더 증폭시키는 말을 할 때면, 이런 일로 이혼할 수도 있겠다는 생각이 들었다.

성장하는 대화가 필요해

얼핏 별거 아닌 사소한 충돌로 보일 수 있겠지만, '우리는 대화가 잘 통해'라는 생각이 부부관계의 뿌리가 되어주고 있는 내게는 결코 사소하게 넘길 수 없는 문제였다. 아이가 어릴 때는 아이의 성장 과정에서 느끼는 기쁨을 공유하는 것만으로도 '우리는 하나'라는 깊숙한 연결감을 느끼고 행복해했지만, 서로 나눌 수 있는 대화가 한정되어 있고, 늘 비슷한 얘기를 반복 재생하고 있다는 느낌이 쌓여갈수록 마음의 거리도 멀어지는 터였다. '속궁합도 안 맞는데, 말도 안 통하면 어떻게 살아?' 소통의 벽. 예전엔 그저 남편의 트집을 잡는 정도였다면, 지금은 짚고 넘어가지 않으면 관계 자체를 흔들 수 있는 작지만 중요한 문제였다. 결혼 10주년, 이런 숫자와 기념일은 중요하지 않았다. 서로 안 챙겨도 그만이다. 하지만 둘 사이에 흐르는 성장과 발전의 에너지가 제자리를 맴돌고 있다는 느낌만큼은 견딜 수 없었다.

마음의 빗장이 풀린 건 타인의 흠을 통해서였다.

제주도 바닷가에서 만난 가족과 캐리비안베이에서 재회해 얘기를 나눌 때였다. 아내분이 말씀하시길, 남편이 고지식한 편이라 답답한 거 참고 산다고…. 주차장이 만차라고 하면 들어가 볼 생각도 안 하고 멀리 댄다는 것부터, 남편이 술을 한 모금도 못해서 혼자 마신다는 얘기까지. 나였다면 불평과 불만이 난무했을, 어딘가 갑갑해 보이는 일상이 녹아 있었다. 그렇게 타인의 얘기에 집중하는 사이, 잊고 있던 우리 부부만의 장점이 떠오르면서 어긋났던 대화로 인한 마음의 앙금이 조금씩 가라앉기 시작했다. 우리는 없는 술도 만들어 마시는, 노는 데 있어서는 날씨도 개의치 않는, 그야말로 죽이 잘 맞는 파트너였던 것이다.

주파수를 맞추자

이 글을 쓰면서 남편과 십 년쯤 같이 살다 보니 가끔 말이 안 통해도 텔레파시가 통할 때는 많다는 게 떠올랐다. 외식 메뉴 정할 때, 나들이 장소 정할 때, 서로 생각하는 바가 기가 막히게 일치할 때가 적지 않은 것이다. 무엇보다 내 마음이 말랑말랑해지는 순간에 쐐기를 박는 문자를 보내는 타이밍은 가히 예술의 경지에 이르고 있었다. “자기야, 애들 데리고 오느라 수고 많았어. 내가 일찍 가서 아이들 돌봐주고 싶은데 오늘 야근해야 할 것 같아” 어쩌면 달아올랐던 감정이 긴장의 시간을 타고 흐르며 점차 사그라든 것일 수도 있다. 하지만, 문자 한 통에 담긴 평온한 에너지는 나를 바라보고 상대방을 이해하려고 하는 마음을 불러내기에 충분했다. 특별할 것 없는 담백한 말 한마디가 말이다.

결혼 생활에서의 잡음은 말하는 사람과 듣는 사람의 주파수가 다를 때 생기는 경우가 많다. 매 순간, 수신자의 현재 상태는 고려하지 않고 일방적인 메시지를 전달, 정확한 해석을 요구한다면 어떤 일이 발생할까? 지속해서 ‘수신 상태가 원활하지 않습니다’ 같은 말만 듣게 되지 않을까? 그동안 같은 패턴의 충돌이 반복될 때마다 남편의 동문서답과 딴소리를 엄격하게 몰아세우던 나. 그런데, 평상시 나는 타인의 말에 얼마나 경청하고, 마음을 기울였나 반추해 보면, 괜히 있어 보이는 어휘에 치중해 대화의 핵심을 흐린 사람은 상대가 아닌 나였음을 인정하지 않을 수 없다. 그동안 남편과 좋았던 기억은 일시 삭제한 채, 한 번의 틀어짐에 치중해 관계 자체를 의심하고 회의하는 데 보낸 시간이 얼마나 많은가. 같이 걷고, 먹고, 놀기도 아까운 시간인데. 그러니 이제라도 있는 그대로 받아들이는 연습을 해야겠다. 다소 오류가 많은 정보 처리 능력까지.

남편을 몰라도 너무 몰랐다.

예고도 없이 월차 쓰는 남자, 우리 집 남편 얘기다. 어느 날 아침, 일어나서 화장실에 들어가려는 찰나, 안에서 인기척을 느끼고 깜짝 놀랐던 적이 있다. 새벽 출근이 일상이 된 후, 아침밥 차려주는 게 어쩌다 한 번 있는 이벤트로 자리 잡은 시점이었다. 그런데 매일 인기척도 내지 않고 나가던 그가 집에 있으니, 마치 연락도 없이 방문한 시부모님을 마주한 것 같은 당혹스러움이 느껴졌다. 하루의 시작을 여는 아침에 고요와 정적은 책과 커피만큼이나 소중한 것. 그런데 갑작스럽게 등장한 한 남자로 인해 평소와 다른 아침이 되게 생겼으니, 목소리에 가시가 돋치고 눈빛엔 냉기가 흘렀다. 결국 남편으로선 쉬려고 쓴 월차가 출근해서 믹스커피 한 잔 마시는 여유보다 못한 꼴이 되고 말았다.

월차 사용권에 대한 논쟁은 두어 해 전 남편의 사촌 형님네와 여름휴가를 갔을 때도 도마 위에 올랐다. '내 월차 내가 쓰는데 왜 미리 얘기해야 하느냐' 대 '네 월차 네가 쓰지만, 가족이니까 사실 공유는 해야 한다'의 팽팽한 대립. 형님이 나서서 "서방님, 앞으로는 월차 결재받는 즉시, 아니, 의자에서 엉덩이 떼는 순간 동서한테 톡 보내요"라고 중재해 주었지만, 그다지 수긍하는 눈치는 아니었다. 사실 남편의 입장도 이해 못 하는 바는 아니었다. 그에겐 연차 사용이 누구의 간섭도 받고 싶지 않은 자유 영역일 수 있으니 말이다. 다만, 남편이 쉬는 날에만 서울 나들이가 가능했던 나로서도 미리 알리지 않는 그가 원망스러울 수밖에 없었다. "서울에 볼일 있었는데, 이럴 줄 알았으면 애들 신경 안 쓰고 다녀올 걸 그랬잖아!" 말 한마디 안 해줘서 기회를 날렸다는 아쉬움, 속상함…. 때론 이 불편한 마음이 며칠씩 이어지기도 했다.

미스테리한 남편에 대한 해답을 찾았다

며칠 전, 아는 작가님들과 함께하는 독서 모임에서 한 작가님의 얘기를 듣다가 내가 미처 인지하지 못하던 사실을 깨달았다. 남편도 사람이라는 사실. 그날, 그 작가님이 들려주신 건 부산 요양병원에 계신 할머니에게 다녀온 뒤 발생한 어머니와의 갈등 상황이었다. 작가님의 어머니는 젊은 시절 겪은 시집살이로 인해 시어머니에게 좋은 감정을 갖기 어려운 분이셨고, 작가님 본인은 할머니와 성격이 흡사하여 누구보다 서로를 잘 이해하는 관계라고 했다. 그런 상황에서 작가님이 비밀리에 할머니의 병원비를 냈고, 뒤늦게 소식을 접한 그의 어머니가 시어머니를 탓하며 아들에게도 서운함을 내비치셨던 것이다.

어디서 많이 듣던 얘기였다. 나는 이 흥미진진한 스토리에 100% 공감하며 빠져들었다. 작가님의 어머니는 바로 우리 엄마의 모습이었고, 그분의 처세는 우리 아빠의 햇볕정책과 다를 바 없었기 때문이다. 딸의 입장에서, 같은 여자 입장에서 듣는 내 마음엔 속상하셨겠다, 화날 만하지, 답답한데 얘기도 못 하나, 같은 말들이 차오르고 있었다. 마음으로는 내려놓으려고 해도 오랜 세월 삭히고 발효된 '화'란 감정은 돈 문제를 만났을 때 특히나 민감해지기 때문이다. 그리고 이때, 얘기를 이어나가던 작가님의 말 한마디에서 남편이란 사람에 대해 이해를 도울 만한 결정적인 힌트를 발견했다. "그냥 말하기가 싫은 거예요"

내가 하고 싶은 대로 하면 되지, 이러쿵저러쿵하는 소리가 듣기 싫었던 그의 속내를 들으니, 불현듯 월차조차 내 마음대로 못 하냐고 부르짖는 남편의 아우성이 들렸다. 이 세상에 다른 사람으로부터 간섭당하는 걸 좋아할 만한 사람이 몇이나 될까. 나였으면 이미 몇 번은 대치했을 상황에서 언성 높이지 않고 묵묵히 참아온 남편을 떠올리며, 내 생각과 입장이 정당하다 주장했던 어리석음을 반성했다. 그동안 불편한 상황을 만들지 않으려고 참고 인내했을 뿐, 그도 혼자만의 시간이 필요한 한 사람임을 잊고 있었던 것이다.

그땐 그랬지

나에게는 너무 일상적인 모습이라 그게 남편의 사랑인지 모르고 살다가, 내가 사랑받으며 살고 있단 걸 느끼게 되는 건 여행만큼 좋은 계기가 없다. 앞서 언급한 남편의 사촌 형님네와 떠났던 여름휴가가 그 증거다. 강원도 양양 여행은 우리 부부의 역사에 남을 만한 일대 사건이었다. 당시 우리는 카라반을 산 지 얼마 안 된 캠핑 초보였고, 양양도 초행길이라 형님네가 주도하는 대로 따라가는 편이었다. 하지만, 캠핑장 안에만 머무르며 먹고 마시는 행위는 생각만 해도 좀이 쑤셔서 견딜 수 없었다. 떠나기 전, 각자의 여행을 하되 저녁에 모여 함께 식사하는 정도로만 여겼던 게 실수라면 실수였을까.

여행 이튿날. 형님네의 제안에 따라 아침부터 속초 시장에 가는 것을 두고 남편과 언쟁이 붙었다. 나에게 시장 구경이라 함은 일정과 일정 사이에 붕 뜬 시간을 메꾸는 정도라, 가장 활동적인 시간을 쇼핑으로 보내는 건 정서에 맞지 않았다. 게다가 친목 모임이라고 해서 꼭 모든 일정을 함께 해야 하는 것도 부담으로 작용했다. 결국, 이동하는 내내 살벌한 침묵을 유지하다 시장 공용주차장에 주차하는 즉시 무리에서 이탈하고 말았다. 처음엔 그저 못마땅한 마음을 표출하고 싶은 정도였다. 하지만 걸려오는 전화를 두어 번 거절하자 더는 연락이 없었다. '이게 아닌데….' 커피숍에서 책을 본다 한들 눈에 들어올 리 없었고, 남편에게 전화하고 끊기를 반복하며 나 좀 데려가달라는 신호를 보낼수록 신세만 더 처량해져 갔다. 그렇다고 식사하고 있다는 식당으로 기어들어 가기는 죽기보다 싫고, 발길 닿는 대로 걷고, 걷고, 또 걷다 보니 어느덧 버스 터미널 앞에 도착해 있었다.

서울행, 양양행…. 그리고 눈에 띈 용인행 버스. 이대로 용인으로 갈까 망설였지만, 우리 식구만 온 것도 아니고 남편 쪽 가족 밴드에 두고두고 회자할 이야기를 만들 깜냥은 없었다. 그래서 선택한 게 양양행 버스. 낙산사 입구에서 내려 전날 아쉽게 둘러본 곳을 구석구석 돌아다니기 시작했다. 마음이 평온했으면 한없이 평화로울 곳이었지만, 갈등과 조바심으로 채워진 마음은 쉬이 가라앉지 않았다. 혼자 아이들 데리고 다른 식구 틈에 껴서 눈치 보고 있을 남편에 대한 걱정, 여행을 힘겹게 만든 데 대한 죄책감, 형님 내외분께 미안한 마음이 범벅되어 무겁게 내려앉은 시간을 견디고 있었다. '진짜 용인으로 가? 이 인간, 정말 전화 안 할 셈이야? 그럴 거지? 그러는 거지?'

낙산사 한 바퀴를 천천히 돌고 내려오니 시간은 어느덧 오후 6시를 넘기고 있었다. 결단의 시간. 굽히느냐 마느냐의 기로 앞에서 나는 결국 남편에게 전화를 걸고 말았다. 곧 저 멀리서 익숙한 차가 눈에 들어오자 방황했던 시간만큼 몸도 마음도 이리저리 도망치기 시작했다. 큰길 건넜다가, 편의점으로 들어갔다가, 애써 피하기를 반복하다 마지못해 차에 올라탔을 때, 먼저 정적을 깬 건 그의 한마디였다. "아이들이 기다리고 있어" 하지만 어리석고 못난 내 모습을 무슨 용기로 드러낼 수 있으랴. 그렇게 캠핑장에 도착해서도 한참을 머뭇거리고 있을 때, 운전석 문을 벌컥 열고 들어온 사람이 있었다. 남편의 사촌 형수님, 형님이었다. 그때야 나는 형님으로부터 남편과 떨어져 있던 시간의 전모를 들을 수 있었다. 남편이 나 없이 아이들 챙기느라 많이 애썼고, 형님 내외분 신경 쓰느라 나에게 달려올 수 없었을 거란 얘기. 그리고, 몰랐던 그의 속마음까지.

"동서, 겉으로 보기엔 행복해 보여도 전혀 그렇지 않은 부부가 있는 반면에, 싸우고 다퉈도 예뻐 보이는 부부가 있어. 내 눈에는 서방님이 동서를 많이 사랑하고 있는 게 느껴져. 말할 때마다, 우리 상희가 원래는 안 그러는데…, 하면서 동서를 감싸는 게 보이거든"

결국은 사랑이었어

왈칵 쏟아져 버린 눈물. 주위에서 아무리 이만한 사람 없다고 칭찬해도, 일단 한번 비뚤어지기 시작하면 남편의 결점을 부풀려 확대해석하던 나였는데, 그는 내가 저지른 실수마저 사랑으로 감싸주고 있었다. 남편의 자상함에 감사했던 날들과 함께, 더 많은 날을 원래 그런 사람으로 치부하고 고삐 풀린 망아지처럼 굴었던 것이 스쳐 지나갔다. 남편은 그런 사람이었다. 뭇 남성들처럼 밖에서 일하는 사람의 지위를 내세워 자신의 안위를 우선시하지 않고, 가사노동의 가치를 폄훼하지 않으며, 아내가 원하는 일을 지원사격 해주기 위해 기꺼이 자신을 희생할 줄 아는 사람. 누군가 생일에 명품 가방을 받았다며 자랑해도, 꽃과 함께 현금다발이 생겼다며 기뻐해도, 그 모든 걸 무의미하게 느껴지게 만드는 사람이 그였다. 물질로 인한 행복은 소유하는 순간에 사라지지만, 내면에 스며든 신뢰와 사랑은 한도 없는 카드와도 같으니까. 그동안 미안했어, 사랑해.

이기적인 아내,
이기적인 엄마가 되어라.

"엄마, 나 친구랑 놀다 가도 돼?"

"알았어, 세 시 반까지는 와!"

아이가 학교 수업을 마치고 전화를 걸어올 때면 내 마음은 자유시간 만세를 외치곤 한다. 물론이지, 대환영이야. 너의 부재는 나의 자유를 의미하니까. 무엇보다 요즘은 아이들이 각자의 빠듯한 스케줄 속으로 흩어지는 세상이라, 놀 수 있을 때 마음껏 놀게 하자는 취지이기도 했다. 아무리 공부하는 습관, 규칙적인 습관이 중요하다고 해도, 잘 노는 것 역시 유년기에 만끽해야 할 성장과제이니까. 물론 아이들이 최소한의 의무를 게을리할 때 "너희들이 공부방, 학원 등지로 떠돌아봐야 지금의 자유가 얼마나 소중한지 알고 정신 차리지?" 하고 빽 소리 지를 때도 있지만, 사실

아이들의 일거수일투족에 관심을 기울일 만큼 '관리'를 잘하는 엄마는 아니다. 아이들의 노선을 정하는 것보다 내가 읽을 책 선정이 중요하고, 아이들의 하루가 알차게 채워지길 바라는 마음보다 나의 하루가 온전하고 충만하길 바라는 마음이 더 크니까.

나 자신을 사랑하라는 말을 과하게 실천하고 있는 내 영향을 받아서일까? 우리 집 아이들은 "이 세상에서 누가 제일 좋아?" 하고 물으면, 당연한 듯 자신만만한 목소리로 대답하곤 한다. "나!" 그러고 보면, 내 삶을 중심에 두고 내 마음의 목소리를 따르며 살 수 있었던 것도 다 긍정적이고 밝은 아이들 덕분이다. 생기 넘치는 에너지로 가득한 아이들에게서 기본적인 '믿음'을 확보하지 못했더라면, 제아무리 이기적인 부모라도 마냥 나 몰라라 하며 살 수는 없을 테니 말이다. 지속해서 관심을 기울이지 않으면 금세 흐트러지긴 해도, 제 나이에 맞는 성실함과 책임감을 지닌 아이들에게 감사했다.

직접 요리해야만 밥 잘 먹나요

나에게는 무릇 주부라면 다 갖추고 있을법한 소양이 없다. 아이들이 학교에서 '우리 엄마'에 대한 소개를 할 때 빼놓지 않고 얘기하는 '우리 엄마는 요리를 잘해요'는 사실 이렇게 정정되어야 마땅하다. 우리 엄마는 반찬 쇼핑을 잘해요. 김치찌개, 된장찌개 같은 메인 요리는 손수 만든다 해도 손이 많이 가는 나물 반찬은 그때그때 사 먹는 게, '고기는 밖에서 먹는 게 맛있고, 밥은 누가 차려줘야 제맛이다'라는 진실만큼이나 자연스러운 일상이 되었다. 그러니 매일 일용할 양식을 제공해 주시고 주말에도 가게 문을 열어주시는 사장님은 신과 같은 존재. 물론 누군가는 반찬 사는 돈이 아깝다고 말하지만, 기껏 장 보고 재료 다듬고 간 보다가 배 채우며 만든 요리를 망쳤을 때의 불쾌지수를 생각하면, 조금 비싸더라도 확실한 맛을 추구하는 게 나았다. 이제는 아이들도 고사리나물은 어디, 부대찌개는 어디라고 구분할 수 있을 정도니, 이쯤이면 엄마의 사랑은 다양한 맛을 추구하는 것이라고 여기지 않을까?

솔직히 사 먹는 게 그렇게 비싸기만 한지도 의문이다. 식자재 사놓고 버리는 게 태반이거나 안 먹고 분리수거하는 음식이 많다면 그거야말로 낭비가 아닐는지. 소금 조금, 다진 마늘 조금이란 말만 듣고 뚝딱뚝딱해내는 금손들이야 요리 지옥의 굴레를 이해 못 하겠지만, 밥숟가락에 간장을 스무 번씩 부어가며 계량해야 하는 나 같은 인간에게는 반찬가게가 성지나 다름없다. 게다가 요즘엔 잘 만들어진 냉동식품도 얼마나 많은지, 정육점에서 만든 한우 떡갈비보다 비비고 냉동 떡갈비를 더 선호하는 게 우리 아이들이다. 요리에서 자유로우니 내가 하고 싶은 일, 좋아하는 일에 더 많은 시간을 쏟을 수 있고 삶에 여유가 늘어남은 말할 것도 없다. 반찬 좀 사 먹으면 어때? 밥심으로 사는 인생 한 상 잘 차려 먹으면 됐지. 덕분에 외식은 거의 하지 않고, 배달 앱도 이용해본 적 없는, 나름 건강한 식단을 차린다는 자부심이 있었다.

물론 반찬을 사 먹는 행위가 처음부터 편했던 건 아니다. 직장 다니는 것도 아닌데 가정주부로서의 업무 태만처럼 느껴져 눈치 보고 자책하던 시절도 있었다. 하지만, 공부에 뜻이 없는 아이를 책상에 앉혀놓아봤자 뚜렷한 성과를 기대할 수 없듯, 요리에 의욕이 없는 내가 나무 주걱을 들고 있어봤자 무엇이 탄생하랴. 비록 아이들에게 고정된 손맛을 선사하지 못해 미안한 마음도 들지만, 그렇다고 평생을 '밥 잘 차려주는 예쁜 엄마'로 남고 싶은 생각도 없으니 못 하는 일은 외부 용역에 맡기는 게 나았다. 엄마라고, 아내라고 꼭 밥 차림의 의무에 묶여 살 필요가 있을까? 아니다. 약속 있어서 외출할 때도 밥까지 다 준비해놓고 나갈 필요가 없다. 사 먹든, 해 먹든 배고프면 알아서 챙겨 먹기 마련이니, 자생력을 길러주는 셈 치고 유유히 사라지는 미덕을 발휘하면 된다. 어때, 간단하지?

자유란 스스로 만들어 가는 것

지역 맘 카페에 올라오는 글을 읽다 보면, 꽤 많은 엄마가 육아에 얽매이다 5년 만에 나왔어요, 7년 만에 밤 외출했어요, 하는 글들을 심심치 않게 접하곤 했다. '5년 만에 처음 나왔다고? 어떻게 그럴 수 있지?' 일주일만 못 나가도 몸에서 사리 나올 것 같은 내게 그녀들이 펼치는 이야기는 먼 나라 이웃 나라 얘기처럼 들렸다. 나에게 가족과 분리된 시간은 숨 쉬는 공기나 다름없으니까. 그런데 가만히 들여다보면 수년간의 독박 육아가 일정 부분 자의에 의한 것임을 목격하게 된다. 남편이 나가라고 해도 본인이 불안해서 외출하지 못하는 경우가 많은 것이다. 애들 식사 제대로 안 챙길까 봐, 텔레비전만 보여줄까 봐, 이유도 각양각색이다. 그렇게 사는 게 견딜 만하다면 누가 뭐라 하겠냐만, 스스로 자기 인생을 풍요롭게 하려는 노력은 하지 않고 사는 게 재미없다느니, 의미 없다는 등의 이야기를 할 수 있을까?

사람들은 누구나 밝고 활기찬 에너지를 주는 사람 곁에 머물고 싶어 한다. 초록이 동색이라고 자기와 비슷한 어두운 분위기를 가진 사람에게 끌리는 이도 있겠지만, 대게는 발전을 추구하는 사람, 긍정적이고 선한 사람과 어울리며 좋은 기운을 받길 바라는 게 보편적인 마음이다. 아이들도 마찬가지다. 자신의 인생을 즐기지 않고, 자신을 기분 좋게 만들기 위해 노력하지 않는 엄마에게서 어떤 특별한 자극을 받을 수 있을까? 늘 똑같은 일상에 머물며 변화를 도모하지 않는 아내에게 어떤 신선한 매력을 느낄 수 있을까?

어느 날, 약속 있어서 1박 2일 일정으로 서울 간다고 하니, 아이들이 깊은 아쉬움을 표하며 꽤 배려하듯 얘기한다. “그건 아니지, 2박 하고 와” 때론 서로를 위해 적극적으로 떨어져 있을 필요가 있는바. 엄마들이여, 미안해하지 말고 마음껏 즐기자. 우리의 젊음을!

미안해, 사랑해,
그리고 고마워 정말.

아침 6시. 이른 시간에 출근하는 남편을 모처럼 다정하게 안아주고, 그가 엘리베이터를 타고 내려가는 소리가 들릴 때까지 잠시 문밖에서 서성였다. 전날 설거지해놓은 그릇을 정리하다가 다녀온다는 인사에 "응" 한마디로 대꾸하는 것이 아닌, 눈빛이 오가고 가슴을 맞대는 배웅을 한 게 몇 세기 만의 일인지. 고백하자면, 사이가 소원했던 것도 아니고, 잠재적 위기가 도사리고 있던 것도 아닌데, 습관적으로 생기 없는 지루한 얼굴을 하고 가거나 말거나 하는 태도로 일관한 날들이 많았다.

위기 발생 시 떠오르는 이름, 남편

보란 듯 남남처럼 굴 때는 언제고 사건사고가 발생하면 제일 먼저 떠오르는 건, 보험 회사도, 설계사도 아닌 남편의 이름. 주말 내내 치통으로 몸부림치다 치과를 찾았을 때, 발치 판정을 받고 망연자실한 상태로 SOS 신호를 보낸 것도 긴 세월 '낭군'이라 저장된 나의 단짝이었다. "자기야, 나 이 뽑아야 한다는데? 임플란트해야 한 대" 마흔도 안돼서 무슨 임플란트냐고 정신적 쇼크에 빠진 내게 그는 군더더기 없는 깔끔한 말로 나를 안정시켰다. "필요하다면 해야지" 돈 생각하지 말라고, 회사 내에 이 안 좋아서 임플란트하는 사람들 많다는 얘기도 덧붙였지만, 솔직히 위로는 되지 않았다. 돈이 문제가 아니었고, 담배 피우고 술 많이 마시는 아저씨들을 비교 대상으로 삼고 싶지는 않았으니까.

살다 보니 어찌 되었건 돈으로 해결할 수 있는 문제는 큰 문제가 아니었다. 금니 씌우는 비용 40만 원을 위해 보험 가입하고 3개월을 버텼다가 치료하는 사람도 있다는데, 내겐 돈도 돈이지만 임플란트를 시작하는 평균 나이대에서 한참을 벗어났다는 생각이 빚어내는 근심이 문제였다. 이럴 때 남편의 침착한 반응은 오래 망설이지 않고 결단을 내리는 데 얼마나 큰 힘이 되던지. 생각해 봐라. 만약 남편이 "그러게 과자 좀 그만 먹으라고 했잖아"라던가, "작작 좀 먹지 그랬어" 따위의 멘트를 날렸다면, 치통이 악화했을까, 아님, 분통이 터졌을까? 다행히 남편은 평소 아내가 일으키는 자잘한 사고에 단련되어 있던 덕분인지, 마치 두부 한 조각 자르듯 가볍게 넘어가는 여유를 지니고 있었다.

고마워, 괜찮다고 말해줘서

하루는 친구로부터 최근 주차하다가 새 차에 흠집을 내서 남편 눈치 보느라 평소보다 더 잘해주고 있다는 소식을 들었다. 그런데, 친구의 입장에 공감하면서도 머릿속에는 까칠한 의문 하나가 스쳐 지나갔다. '응? 그 정도로 남편 눈치 봐야 하는 건가?' 생각해보니 가끔 방문하던 온라인 카페에서도 비슷한 이야기들을 접하곤 했다. 차 사고 나거나 운전미숙으로 벌어진 일들을 남편 모르게 해결하려는 여자들. 그럴 때면 '뭘 그렇게 숨기고 감추나, 그럴 수도 있는 거지' 하며 전전긍긍하는 사람들을 이해 못 했는데, 당시엔 알지 못했다. 내가 지닌 마음의 여유가 나 스스로 잘나고 당당해서가 아니라, 운전하다가 사이드미러를 날려 버리든, 타이어를 펑크 내든, 늘 "안 다쳤으면 괜찮아"라고 말해 주는 남편의 관대함에서 비롯되었다는 사실을 말이다.

믿음, 신뢰, 그것이 진짜 사랑

남편의 진짜 사랑을 느끼는 순간은 단순히 돈을 소비하고 소모하는 일과는 거리가 멀었다. 돈이 얼마나 드는가 하는 문제를 떠나, 하고 싶은 게 무엇이든 항상 지지하고 응원해 준다는 사실 자체가 충만한 사랑을 느끼게 했다. 단 한 번의 외출을 위해 구차한 변명과 번거로운 부연 설명을 달지 않아도 되는 관계란 얼마나 편안한가. "(하고 싶으면) 해", "(만나고 싶으면) 만나", "(떠나고 싶으면) 다녀와" 같은 짧은 말들을 통해 전해지는 그의 마음이 아파트 매매계약서보다 더 듬직하게 느껴졌다. 진짜다. 나에겐 사랑한다는 말보다 더 듣기 좋은 말이 자유를 허용하는 저 세 마디였다. 그뿐인가. 큰 목돈이 드는 수업을 앞두고 돈 걱정하는 아내에게 "그런 거라면 해. 마이너스 통장 하면 되니까. 배우고 성장하는 일에 돈 아끼지 마"라고 격려를 아끼지 않는 사람도 바로 그였다.

결혼생활 하면서 마이너스통장을 입에 담은 건 이때가 처음이었다. '그래도 그렇지, 마이너스 통장은 좀….' 탐탁지 않은 시선을 보내는 나와 달리, 남편은 곧 성과급이 나올 예정이고, 의지와 열정을 쏟을 수 있는 일은 반드시 하라고 응원해줘서 다음 날 바로 등록할 수 있었다. 그간 남편의 휴일을 저당 잡아 일만 벌이고 스스로 납득할 만한 성과를 달성하지 못한 적이 얼마나 많은가. "진짜 하고 싶은 일 맞아?", "돈만 쓰는 거 아니야?", "그거 해서 뭐 하게?" 같은 김빠지게 하는 말들 없이, 그저 끝까지 믿고 신뢰해 주는 남편이 더없이 감사했다.

가끔은 생각해본다. 남편이 승진 시험 공부한다고 3년 동안 수험생으로 지내고, 새로운 일에 도전한다는 명분 아래 가족에게 소홀하다면, 과연 나는 얼마나 인내하고 견딜 수 있을지. 지방살이를 정리하고 서울로 올라갔던 친구가 남편 회계사 만들기에 실패했을 때, 내게 한 말이 있다. "너도 너무 올라올 생각만 하지 말고 주어진 것에 감사해. 남편 월급 따박따박 들어오는 게 얼마나 소중한지 모르지?" 당장 먹고 살 걱정에 허우적대는 게 아니니 고정 수입보다는 문화생활에 대한 갈증이 커지던 때. 하지만 친구와의 대화를 계기로 나의 일상이 흐트러지는 걸 각오하고 남편을 내조할 수 있을지 헤아려보면, 답은 명확했다. 나란 존재를 그대로 인정하고, 지지하고, 지켜봐 주는 것이야말로 남편의 큰 사랑이었다는 사실을.

물질로 인한 행복은 소유하는 순간에 사라지지만,
내면에 스며든 신뢰와 사랑은 한도 없는 카드와도 같으니까.

5장。

흔들리지 않는 인생이 어디 있어

(feat. 나를 버티게 하는 것들)

나는 매일 아침 카페로 출근한다。

앗, 아차 하니 벌써 10시다. 아이들은 분명 8시 40분에 나갔는데, 예능 프로 하나 다운받아 놓고 과일 한 개 깎아 먹으니 금세 9시 반. 9시에 커피숍에 도착해 오전을 길게 사용하려던 계획은 검색창에 〈나 혼자 산다〉를 입력하는 순간 물거품이 되어 버렸다. 전업주부의 삶은 늘 이런 식이다. 의식적으로 긴장하고 자발적으로 조이지 않으면 청소하고 밥상만 차리다 하루가 다 갔다는 소리가 절로 나온다. 이럴 때 중요한 건, 뒤도 안 돌아보고 나가기. 10시가 넘어가는 순간 11시가 되는 건 순식간이요, 12시, 2시, 4시가 되는 건 과속 탐지 카메라가 없는 고속도로를 주행하는 속도와 같으니, 집에서 빨리 탈출하는 것만이 게으름이란 수렁에서 벗어나는 길이었다.

안방에 이불이 널브러져 있어도, 싱크대에 그릇이 쌓여 있어도, 맨얼굴에 칙칙한 모습이어도 일단 나가고 보는 게 행동 강령. 늘 보장되는 건 아니지만, 대게 오전 시간에만 누릴 수 있는 커피숍의 고요함과 적막함을 사수하려는 의지는 모든 무질서함에 눈 감을 수 있는 덤덤함을 주었다. 그 무엇도 조용히 책 읽는 시간보다 우선시 될 수는 없는 것. 이불이야 안방 문 닫으면 되고, 바닥에 널브러진 동거인들의 흔적은 거실에 있는 책상에 쌓아놓으면 그만이었다. 아이들이 귀가한 뒤, "자, 책상 위 보이지? 너희들을 위해 준비해 놓았어" 하고 씩 웃어주면 끝. 아이들이 스스로 해야 할 일을 등한시할 때, 그 임무를 대신해 주지 않는 것도 정리의 늪에 빠져 시간 탕진하지 않는 핵심 과제였다.

오전엔 책과 커피를!

내 하루의 시작은 언제나 책이었다. 때론 책을 보기 위해 커피를 마시는 건지, 커피에 과자 한 조각 먹기 위해 책을 보는 건지 구분이 안 되지만, 책 읽는 시간만큼은 누구에게도 방해받고 싶지 않았다. 우연히 아는 지인이라도 만나면, 집중하고 있길래 일부러 인사 안 했다며 둘러대기도 하고, 나의 의사는 확인하지 않은 채 앞자리에 착석하는 자가 있으면 얼굴엔 미소를 띠어도 속으론 '저에게 왜 이러세요' 소리가 절로 나왔다. 그러니 오전에 전화 오는 것도 달가울 리 없었다. 자발적 딴짓은 허용해도 전화로 침투하는 외부 세력은 모르쇠로 일관하기 일쑤. 시댁 전화든 친구 전화든 섣불리 받은 전화 한 통이 마음의 평정을 깨트릴 수 있기에 웬만해서는 잘 받지 않았다. 그건 가정 내 업무상 협의할 일이 많은 남편의 전화도 마찬가지. "있잖아. 내가 전화했을 때 못 받아도 다시 전화할 거 없어. 꼭 얘기해야 할 게 있으면 문자 남겼을 거야. 그러니, 전화하지 마라~잉?"

매일 커피숍으로 출근한다고 해서 혼자 틀어박혀 외부 세계와 단절된 상태로 지내는 건 아니었다. 가끔은 지인들과 브런치를 먹고, 저녁엔 술 한 잔도 하면서 인간의 사회적 본능, 말하고 싶은 욕구를 해소했다. 그때그때 고민과 불안은 덜어내고, 위로와 격려를 채울 수 있었기에 견뎌온 시간. 하지만 그건 어디까지나 가끔, 종종에 해당하는 일이었다. 가슴 한구석에는 늘 '가지 못한 길'에 대한 미련이 남아있었고, 그건 누군가와 만나 얘기한다고 해서 풀릴 만한 성질의 것이 아니었다. 되려 남편과 시댁에 대한 불만 폭탄을 터트리는 지인을 만나기라도 하면 반복되는 하소연이 괴로워 문자 하나로 관계를 끊은 적도 있었더랬다. 이럴 때 마음의 중심을 잡아주는 것도 역시 책. 만나도 그만, 안 만나도 그만인 관계에 질척거리느니, 책을 친구 삼아 아이스 아메리카노 한 잔 마시는 게 더 행복했다.

쇼핑의 기쁨과 슬픔

아무리 여유 있는 시간이 주어진다 한들, 아무리 다채로운 혜택이 쏟아진다 한들, 관심 밖의 영역에 존재하는 게 하나 있었다. 스마트폰만 있으면 언제 어디서든 접속할 수 있는 세계, 인터넷 쇼핑이 그것이었다. 누군가 책 한쪽만 읽어도 졸린다고 말하듯, 내게 쇼핑은 1시간만 해도 피로가 몰려오는 에너지 뱀파이어였다. 모니터 화면으로 깜박거리는 것들을 바라보고 있으면 눈이 아프고, 백화점이나 마트에서 머무르는 시간도 1시간이 한계였다. 학창 시절 영어 공부 10시간은 해도, 수학 공부 1시간은 몸부림쳤던 것과 마찬가지. 그러니 홈쇼핑은 말해 뭐하랴. 내게 시간을 죽이는 양대 산맥으로 통하는 TV와 쇼핑을 합쳐놓은 것이라니. 언젠가 지인에게서 홈쇼핑 히트상품들을 선물 받고 물건의 만족도 상승과 함께 홈쇼핑에 대한 인식도 개선되긴 했지만, 역시나 직접 접근하기엔 쉽지 않았다. (집에 케이블 채널이 나오지 않는다)

물론 쇼핑으로 시간 보내는 게 전적으로 나쁘다는 말은 아니다. 필요한 물건은 사야 하고, 소비를 통한 기분 전환은 돈으로 누릴 수 있는 기쁨 중 하나이니까. 다만, 소비가 기쁨이 아닌, 번뇌로 바뀌는 건 경계할 필요가 있어 보였다. 집에 있는 물건, 할인하니까 쟁여 두고, 마음에 완벽히 드는 옷이 아니어도, 지금 사는 게 돈 버는 거라며 지르고 보는 등. 모든 더 저렴하게 사겠다는 욕심이 불필요한 씀씀이로 이어지고, 그때마다 헛된 반성과 다짐이 반복됐다. 특별 사은품과 1+1행사에 현혹되어 장바구니에 담는 것 역시 넘어뜨려야 할 습관의 벽. 과자 한 봉지 살 거 하나 더 받아서 저렴하게 샀다 해도, 먹지 않으면 그만 아닌가. 그렇게 뜯어보지도 않고 나눠주거나 버린 과자가 어느 정도일지, 과자로 집 하나를 짓기에도 충분하지 않았을까.

혼자 읽는 시간의 힘

사람마다 각자의 관심 분야와 취향이 다르니 어떤 라이프스타일이 옳다, 그르다 할 수 없지만, 문제는 건질 것 없는 소모적인 일에 빠져있느라 좀 더 적극적으로 자신을 탐색하지 않는 것이다. 내가 어떻게 살고 싶은지, 무엇을 할 때 가장 나다운지 마주하려는 노력은 기울이지 않은 채, 네일숍 가서 손톱 다듬고 미용실 가서 헤어스타일만 바꾼다고 반짝반짝 빛이 날까? 돈 쓰면서 기분 전환하는 게 핸드폰 급속충전하듯 '사람답게 사는 것 같은 기분'을 느끼게 해준다면, 그 유효기간은 얼마나 지속될까. 혹시, 가슴속에서 '의미 있는 일을 하고 싶어', '보란 듯이 당당하게 살고 싶어'라고 외치는 말들을 회피하려고 다른 쪽에 시선을 돌리는 건 아닌지…. 하지만 이런 것들은 절대 누가 가르쳐준다고 해서 느낄 수 있는 게 아니다. 오롯이 혼자 있는 시간, 자신의 내면을 따라 여행하는 시간에만 건져 올릴 수 있는 것이었다.

준비만 하는 삶에 대한 인내심이 한계에 다다르고, 지방대 출신, 경력 중단 여성도 해낼 수 있음을 보여주고 싶다는 소망이 생긴 것도 9할이 커피숍에서 읽은 책 덕분이었다. 타지에서 버틸 수 있었던 것도, 육아하면서 불시에 드러나는 난폭함을 잠재운 것도, 나의 진짜 욕구를 들여다볼 수 있었던 것도 다 책이 있기에 가능했던 일. 대화를 나누어도 아무것도 흐르지 않는 사람과 만나느라 에너지 쏟느니, 나 홀로 활자 여행을 떠나는 게 내 안에 평온하게 머무르는 유일한 길이었다. 이때, 타인의 기대에 부응하느라 시간을 해체, 분산하는 건 자중하고 또 자중하는 일이다. 아이들에게도 엄마의 시간을 소중히 여겨줄 것을 깊이 각인 시켜 꼭 필요한 경우에만 통화하다 보니, 서로 간섭하고 스트레스받는 빈도도 줄어들었다. 그러니 얼마나 좋아? 나는 오늘도 불러주는 이 하나 없지만 언제든 갈 수 있는 곳, 카페로 출근했다.

대게 오전 시간에만 누릴 수 있는 커피숍의
고요함과 적막함을 사수하려는 의지는 모든 무질서함에
눈 감을 수 있는 덤덤함을 주었다.

낯선 사람에게 말 걸기。

"지금 하는 말을 그대로 글로 옮겨보세요. 그게 바로 글이 되는 거지 어려운 게 아니에요"

서울로 향하는 고속버스 안. 바로 옆 창가 자리에 앉은 신사분이 자필로 빼곡히 채운 중국어 수첩을 들여다보고 계셨다. 청춘의 상당한 시간을 중국어 동시통역사를 꿈꾸는 데 보낸 내가 호기심을 가진 건 당연지사. 지긋한 연세에 중국어를 공부하시는 동기가 궁금해서, 결국 옆자리 신사분께 말을 걸었다. "중국어 공부하시는 거 어떠세요?" 이 한마디의 질문을 통해 그분이 온라인 강좌로 독학 중이고, 시집을 낸 시인이며, 지역 문인 협회 회장을 맡고 계신다는 사실을 알아가는 동안 대화는 좀 더 사적인 영역으로 흘러 들어갔다. 인품이 그대로 드러나는 인자한 얼굴과 품격 있는 말투에 나도 모르게 오랫동안 풀리지 않는 고민까지 꺼내게 된 것이다. "서울로 올라가고 싶은데 남편 직장이 그만두긴 아까운 곳이에요. 하지만 제가 하고 싶고, 배우고 싶은 건 늘 서울에 있으니 답답함이 사라지지 않아요"

사람들로 가득한 버스라는 공간의 특성상 대화를 지속하는 게 다소 신경 쓰이는 상황이긴 했다. 그래서 신사분이 들려주신 말들도 기억에 남지만, 남에게 폐를 끼치지 않으려 낮게 속삭이듯 말씀하시는 모습이 더 인상적이었다. 공공장소에서 타인을 배려하는 대화를 하는 게 당연한 상식인데도, 그런 인식조차 없이 볼륨을 높이고 공간을 지배하는 사람들이 워낙 많다 보니, 신사분의 언행이 더 돋보였던 것이다. 말과 글은 사람을 닮는다고 했던가. 신사분과 대화를 나눌수록 머리와 가슴이 탁 트이는 느낌이 들었다.

"서울로 올라가요. 젊은 사람들은 더 많은 기회가 있는 곳에 살아야 해요"

그동안 자신이 나고 자란 고향이 최고라고 말하는 사람들만 접하다가 진심으로 귀 기울이고 조언을 건네는 어른을 만나니 어찌나 큰 감동이 밀려오던지. 약 한 시간 동안 이어진 대화는 내게 소통의 즐거움을 선사함과 더불어 새로운 가능성을 발견하는 계기가 되었다. 내가 하는 말이 글이 될 수 있다는 믿음. 어쩌면 지금 내가 책을 쓸 수 있었던 것도 신사분이 마음속에 뿌려주신 작은 씨앗 덕분 아니었을지….

내게 무례한 사람을 대처하는 법

낯선 사람과의 만남을 선호하고 삶의 즐거움으로 여기는 건 사실이지만, 그렇다고 해서 아무와 대화의 물꼬를 트는 건 아니었다. 좋은 사람을 만나고 싶다는 소망이 사람 보는 안목을 키웠고, 가까이 지내고 싶은 마음이 그들에게 자연스레 다가가게 했다. 그렇게 다양한 사람들과 만남과 헤어짐을 반복하면서, 사람들은 함께 있어도, 겉으로는 친해 보여도, 다 각자의 이유로 서로가 서로를 힘들어한다는 사실을 알았다. 그 흔한 내 맘 같지 않다는 말을 반복하면서 말이다. 그런데 인간관계를 힘들게 하는 원인이 정말 다른 사람에게만 있는 걸까? 지금은 인연을 정리한 지 오래지만, 한때 알고 지내던 동갑내기 친구가 있었다. 분명 친절하고 재능도 많은 친구지만, '선의'의 선을 넘는 행위에 질려버려 인연을 포기한, 만남이 거듭될수록 내가 예민한 건지, 네가 무례한 건지 고민하게 만드는 사람이었다.

일정 시간이 흐른 후에야 알 수 있었다. 새로 맺는 관계엔 온 정성을 쏟으면서, 정작 가까이 지내는 이들에겐 소홀한 사람이란 걸. 잡은 물고기에 밥 안 준다는 말의 우정판이라고 할까? 하지만 본인은 뭐가 문제였는지 잘 몰랐나 보다. 늘 누가 배신했네 어쩌네 하소연하고 다니는 걸 보면. 누군가와 관계가 틀어지고, 예전 같지 않음에 싸한 느낌을 받는다면, 먼저 그 원인을 나로부터 찾을 일이지 남을 탓하고 원망한다고 해서 해결될 일이 아닌데 말이다. 그러니 만약 어긋난 관계로 힘든 시간을 겪고 있다면, 속으로 '절교'만 곱씹으며 마음을 괴롭힐 게 아니라, 자신을 객관적으로 되돌아보는 시간을 갖는 게 어떨까? 자기중심적인 생각에 빠져 타인의 입장을 헤아리지 못하고 있는 건 아닌지, 자신에 대한 확고한 믿음으로 다른 사람 위에 군림하려는 태도를 보이지는 않는지, 다른 이들이 내게 무관심한 게 아니라, 내가 그들과 어울릴 상대가 못 되는 건 아닌지 말이다.

불협화음, 사람과 사람 사이의 흔한 노래

사람과 사람 사이의 불협화음은 얼굴을 마주 보지 않는 온라인 카페에서도 종종 목격하는 일이었다. 생각해보건대, 오랜 시간 맘 카페에서 활동하며 가장 많이 마주한 질문이 '주말에 어디 가세요?', '서울에 아이들 데리고 갈 만한 곳 있을까요?' 같은 질문이 아닐까 싶다. 그런데 비슷한 질문에도 누가, 어떻게 말하느냐에 따라 결과는 천차만별. '소통'하고자 하는 마음이 담긴 질문엔 일정을 고려한 교통편까지 알려주는 정성이 달리고, 정보만 얻고 빠지겠다는 성의 없는 질문엔 클릭하고 지나가는 사람들의 조회 수만 남는 게, 우연의 일치일까? 적어도 누군가에게 도움을 구하는 입장이라면, 바라는 게 분명하다면, 질문 한 줄이라도 읽는 이의 수고를 아끼는 최소한의 정보를 담은 것이어야 하지 않을지. 그래서 나는 '좋은 곳 추천받아요'라는 말도, 이게 도대체 누구를 위한 말인지 여전히 아리송하기만 하다.

오고 가는 언어의 온도가 달라서 생기는 소란한 마음은 사람들과 소소한 물건을 나눔 할 때도 마찬가지였다. 집 정리를 하다가 수요보다 공급이 초과하는 모든 품목을 한데 모아 지역 카페에

올리곤 했는데, '저요' 하는 댓글 하나에도 사람의 마음이 담겨 있는 게 보였다. 인생은 선착순이라도 되는 듯 빠르게 댓글 남기는 사람이 있더라도, 그에게서 긍정적인 기운이 느껴지지 않으면 답변을 미루었다. 대신, 시간이 좀 걸리더라도 신중하게 나눔 할 사람을 정하고, 문자로 연락해줄 것을 요청했다. 덕분에 밝은 미소를 가진 분들과 인사 나누며, '나눔'이란 게 가끔은 번거롭고 귀찮더라도 나를 즐겁게 만드는 소소한 취미였는데, 사람 일이란 게 늘 좋을 수만은 없나 보다. 만나기도 전에 결말을 예측할 수 있는 걸 보면 말이다. 첫 연락에서 '안녕하세요, 나눔해주셔서 감사해요'라고 보내오는 문자에는 뭐라도 하나 더 챙기고 싶은 마음이지만, 아무런 인사도 없이 '어디로 가면 될까요?'로 시작되는 문자는 볼 것도 없다. 폭망이다.

세상 모든 이들이 '갑'이다

"이모님, 언제 오셨어요? 반가워서 차 세워놓고 달려왔어요"

한 달 만에 불 켜진 반찬가게를 보고 한걸음에 달려갔더니, 이

모님도 다른 사람들은 다 왔다 갔는데 내가 안 보여서 궁금했다며 미소로 반기신다. 그런데 가게를 둘러보니 저녁 시간임에도 가득 쌓여 있는 반찬을 보자 마음이 편치 않았다. '온종일 다듬고 만드느라 고생하셨을 텐데, 나라도 조금 더 팔아드리자' 그렇게 이것도 담고 저것도 담으니까, 이걸 다 언제 먹냐며 그만 사라고 하시는 말씀에, "장조림 하나 더 추가요!"를 외쳤다. 약간 손해 보듯 살아도 좋다는 말이 이런 게 아닐까? 때로는 나보다 타인을 위해 애쓰는 마음, 받으려 하기보다 주려는 마음, 상대방을 배려하고 존중하는 마음이 우선시 될 때 안 될 일도 되게 하는 마법이 펼쳐질 테니까.

그런데 주위를 둘러보면 이런 사실을 모르는 사람이 꽤 많다. 본인이 예의 없는 건 생각 안 하고 조금 불친절하다 싶으면 목소리 높이는 사람, 아무에게나 반말 툭툭 내뱉는 사람 등, 자신의 '말'이 무엇이 문제인지 인지조차 못 하는 사람이 많은 것이다. 오죽하면 '지금 응대하고 있는 직원은 고객 여러분의 가족 중 한 사람일 수 있습니다'라 적힌 문구가 곳곳에 놓여있을까. 손님은 왕이다, 이 말이 진실일까? 고백하자면, 나 역시 평소에 '사람과 사람 간에 안 되는 일이란 없다'라고 생각하고, 용건이 생기면 의사 결정권이 있는 사람부터 찾아 확실한 서비스를 받는 것에 자부심을 느꼈던 사람이었다. 그것을 '협상'이라 볼 수도 있겠지만, 어쨌든 나를 포함한 이 땅의 '고객님'들이 반드시 기억해야 할 사항이 있다. 원하는 것을 얻으려면 뭐든 감사하는 마음이 우선이라는 사실을, 우리는 돈을 쓰는 '갑'이 아니라, 노력과 정성을 사는 '을'이란 사실을 말이다.

행복에도 가성비가 있다。

"아빠, 오늘 어디 가?"

"논산"

"아~산 싫어!"

주말이면 으레 외출하는 걸 당연하게 여기고 오늘의 일정을 확인하는 아이들. 목적지에 '산'자만 들어가면 일단 거부감부터 보일 때도 있지만, 우리 가족에겐 산이야말로 각자의 니즈를 충족시킬 수 있는 공동 놀이구역이다. 여기 갈까 저기 갈까 망설이다가도 결국 산으로 향하게 되는 건, 따스한 햇볕을 받으며 나란히 걷는 시간이야말로 온전히 함께하고 있다는 충만함을 느낄 수 있기 때문이리라. 돈 안 들지, 운동 되지, 애들 알아서 잘 놀지. 서로의 손을 꼭 붙잡고 거닐다가도 혼자 머리를 텅 비우고 한 걸음 한 걸음 내딛다 보면, 어느덧 몸과 마음이 가뿐해지는 걸 느낄 수 있었다.

날씨가 좋으면 산에 가지요

지난주 토요일, 우리는 어김없이 모악산 둘레길로 방향을 정했다. 날씨가 좋아도, 그저 그래도, 사시사철 찾는 곳, 금산사. 그런데 이날은 특별한 목표가 있었다. 바로 독소 배출. 평소에 걷는 일이 거의 없다 보니 장운동이 원활하지 않다가, 장시간 걷게 되면 수시로 '가스 배출 알람'이 울린다는 것을 경험했던 터라 아예 오늘의 다짐을 선포하고 시작했다. "나 방귀 50번 껴야지!"

한 번, 두 번, 세 번…. 실시간으로 목표 달성 상황을 알리는 마누라가 신경 쓰였는지 앞서 걷던 남편이 뒤돌아서더니만 재밌는 제안을 해왔다. "앞으로는 나올 것 같으면 띵동을 외쳐!" "오케이! 띵동, 띵동, 띵동~ 아! 띵동만 하다 보니 숫자를 까먹었잖아!" 이 한마디에 웃음보가 터져서 그때부터는 아이들도 걷고, 뀌고를 반복하며 재밌는 놀이라도 하듯 신호음을 울려댔다. 띵똥~띵똥~. 그때 나는 가슴 밑바닥에서 올라오는 순도 100%의 진한 행복을 느끼고 있었다. 나란히 걷는 행위가 특별할 건 없지만, 그저 함께 있다는 사실이, 산에 오를 수 있는 건강한 신체를 소유하고 있음이 감사하게 여겨지는 순간이었다.

엄마 아빠가 손잡고 데이트를 하거나 말거나. 나무와 풀이 우거진 곳에 발을 디디는 순간 나뭇가지부터 찾고 보는 아이들은 언제 산에 오기 싫어했냐는 듯 자연의 기운을 듬뿍 흡수하고 있었다. 자라면서 병치레라곤 3살 이전의 기억이 전부일 정도로 건강하게 자라준 아이들. 돌이켜보건대, 일찌감치 유모차에서 하차하고 산으로 숲으로 돌아다닌 덕분에 보험 청구할 일이 없었던 게 아닌가 싶다. 걷다가 힘들면 아무 데나 주저앉아 주위에 널린 돌멩이로 나뭇가지를 깎고, 때론 산길에 벌러덩 누워 오고 가는 등산객을 미소 짓게 만들던 녀석들이었다. 바위에 고인 물을 발견하고 나뭇잎과 흙을 주워 담아 흙장난을 하는 건 산행의 또 다른 즐거움. 어른들이라면 정상까지 정주행하느라 스치고 지나갈 법한 모든 것들을 놀잇감으로 삼으니, 속도는 더디지만, 곁에서 지켜보는 것만으로도 흐뭇했다.

무엇보다 산에서는 사람과 사람 간에 오고 가는 '정'이 있다는 게 가장 큰 장점이었다. 산에서 만난 어른들은 엄마 아빠를 잘 따라다니는 아이들이 예쁘고 기특하다며, 가방과 주머니에서 먹거리를 꺼내 주시곤 하셨는데, 이런 따뜻한 손길이 아이들 마음속에 소복소복 쌓이고 있었나 보다. 한번은 계족산 황톳길에서 갑작스레 내리는 비를 피해 가까운 정자로 이동했을 때였다. 그곳엔 먼저 온 일행분들이 둘러앉아 계셨는데, 아이들에게 과자 한 봉지 꺼내주고 가방을 정리하는 사이, 언제부터인지 큰아이가 어른들 틈에 섞여 얘기 나누고 있는 게 보였다. 알고 보니, 안주 하나 없이 맥주 마시는 어른들이 마음에 걸려 과자를 봉지째로 내어드렸던 것. 덕분에 나도 자연스럽게 대화에 끼어 몇 마디 나누게 되었는데, 다들 아들 잘 키웠다며 어찌나 칭찬하시는지, 수행평가에서 100점을 받아와도 이보다 더 뿌듯할까 싶었다. 그리고 문득, 사람을 생각하는 아이의 선한 마음이 그동안 여행 다니며 차곡차곡 누적된 낯선 타인의 호의로부터 비롯되고 있음을 느낄 수 있었다.

틀에 박힌 체험은 이제 그만!

자연을 누비고 다닐 때마다 살아있는 행복과 자유로움을 느꼈지만, 그에 따른 심리적 부작용도 하나 있었다. 바로 실내에 조성된 인위적인 공간을 못 견뎌 한다는 사실. 아이 둔 부모라면 한 번쯤은 다 가봤다는 직업체험 테마파크가 그중 하나였다. 아이들이야 새로운 놀거리에 마냥 들떠 있지만, 두 아들을 2인 1조로 활동하게 하려면 부모가 부지런히 움직여서 시간대마다 가능한 체험을 탐색해야 했기에, 놀이공원에서 대기하면서도 무언가를 '읽고' 있어야 직성이 풀리는 나로서는 쉽지 않은 곳이었다. 그래서 반감이 생겼던 것일까. 지방에서 1박 2일로 서울 여행을 떠나는 사람들이 주 행선지로 잠실만 찍고 돌아오는 걸 보면 안타까운 마음을 감출 수 없었다. 그야말로 지방의 중심에서 서울을 외치고 싶은 심정.

"서울 가시는 분들! 서울에 '국립'이 들어간 좋은 곳도 많아요. 동대문 디자인플라자 같은 예술 공간도 많고요. 이제 서울 하면 63빌딩, 남산 타워만 떠올리지 마시고, 서울에서만 누릴 수 있는 더 다채로운 공간을 방문해 보세요!"

한때 용인에서 게스트하우스를 운영하고 싶다는 소망을 가졌던 적이 있다. 매일 다양한 사람들을 만나는 즐거움을 기대한 것도 있지만, 멀리서 오는 사람들에게 아이와 갈 만한 곳을 맞춤 서비스하고, 사람들이 좀 더 확장된 경험을 하길 바라는 마음에서 비롯된 작은 꿈이었다. 비록 대학 친구의 "네 성격에 감당할 수 있겠어? 진상들도 많을 텐데?" 하는 말에 쏙 들어가긴 했지만, 가족과 즐거운 시간을 보내는데 꼭 돈(이 많이) 드는 장소만 있는 건 아니라는 메시지를 전달하고 싶었다. 제주도 5성급 호텔 수영장에서 보낸 시간도 좋지만, 5만 원 복층구조 호텔에서 〈정글의 법칙〉 보며 컵라면 먹던 날을 더 그리워하는 게 아이들이다. 더 근사한 장소, 체험형 공간에 가야 아이들이 좋아할 거라고, 아이들에게 잘해주는 거라고 생각하는 건, 다 부모의 욕심이고 착각 아닐까?

시간이 흘러도 마음 주지 못했던 전북에 터를 잡은 지 십 년째에 접어드니, 이제야 비로소 이곳의 매력에 빠져들기 시작했다. 다름 아닌, 1시간 거리에 내장산, 대둔산, 모악산 등 명산이 지천으로 널렸다는 사실. 아이들이 어렸을 때는 나 역시 시간 때울 목적으로 키즈카페에 갈 때도 많았지만, 실상 에너지를 주체

못 하는 남자아이들은 돈 벌기 위해 만들어놓은 공간보다 바다, 산, 숲길 등 자연에서 놀 때 가장 에너지 넘치는 표정을 지어 보이고, 점차 산을 긍정적으로 인식하게 되었다. 때론 힘들지만 다양한 재미가 있는 곳으로 말이다. 끝까지 완주했을 때 느끼는 성취감은 보너스. 장담컨대, 우리 집 아이들의 체력, 인내력, 지구력은 다 산에서 공짜로 얻은 소산물이나 다름없다. 이렇게 좋은 산을 왜 안가? 이 산을 사랑하지 않을 이유가 없다.

지금이 내 인생의 '예술이야'.

수능이 끝나고 연말에 몰려있는 부모님 생신이 지나니 한 해를 장식하는 크리스마스가 다가왔다. 살면서 크리스마스를 기다리던 설렘은 그 옛날 명동에 있는 극장에서 〈미녀는 괴로워〉를 보던 시점에 멈춰져 있는데, 남편은 그냥 보내기 아쉬웠나 보다. 극장에 영화 보러 가자고 하고, 케이크에 와인 마시고 싶다는 걸 보면, 머리숱만 빠졌지 감성은 청춘 그대로다. 성탄절을 평범한 보통 날로 치부하지 않고 데이트 신청하는 그의 마음이 고마워서 못 이기는 척 외출을 서둘렀다. 그러고 보면, 어떤 집은 아내의 관심이 전부 아이들에게 치우쳐 있어서 외로움과 공허함을 호소하는 남편들이 많다는데, 나에게는 여전히 남편이 넘버원이었고 늘 같은 자리에 있어 주는 그의 손을 맞잡고 있는 시간이 더없이 소중하고 행복했다.

이날의 하이라이트는 조개구이에 소주 한 잔. 술이 한두 잔 타고 들어가자 하반기 나의 화두인 책을 쓰는 것에 관한 얘기가 흘러나왔다. 하얀 모니터에 글자를 수놓느라 몸이 성한 데가 없다고 징징거렸다가, 내년이 기대된다며 희망에 부풀었다가. 그러다 술에 취한 건지, 분위기에 취한 건지, 갑자기 본전도 못 찾는 말로 내가 내 무덤을 파고 말았다. "자기, 나한테 잘해야 해" "내가… 잘… 못 하고 있는 거야?" 아, 이런 상황을 두고 실언했다 말하지. 요리는 외부인력에, 육아는 내부인력에 맡기는 불성실한 주부로 지내면서, 이제는 글 쓴다고 툭하면 나가는 내가 꺼낼 말은 아니었던 것이다.

당신 덕분입니다

자칭 타칭 '영혼이 자유로운 여자'라 불릴 수 있었던 건, 그런 여자를 온전히 받아들이고 인내해 주는 남편 덕분에 가능했다는 걸 알기에, 가끔 이렇게 겸연쩍은 상황이 생기곤 했다. 가족의 자유와 평화를 위해 몸과 마음을 바치는 남편과 달리, 그간 내 감정과 기분에 충실 하느라 남편의 고단함을 애써 외면해왔다는 건, 누구보다 내가 잘 알았다. '그런데 이 사람, 정말 무슨 생각을 하고 사는 거지? 지금 이대로 괜찮을 걸까?' 혹시나 남편의 진짜 속마음을 알게 될까 두려워 말로 꺼내지 못한 질문이었지만, 남편에 대한 감사함은 시시때때로 느끼고 있었다. 그도 그럴 것이, 결혼 전 내가 하고 싶은 일을 맘껏 할 수 있도록 지지하겠다는 약속은 잘 이행되고 있었고, '이 남자라면 괜찮겠다'라고 여기게 만든 성실함과 인내심, 포용력이 갈수록 그 사람을 돋보이게 하고 있었다.

그리고 이렇게 내가 복 받은 삶을 살고 있다는 사실은 나 자신의 자각이 아닌, 타인의 말을 통해서도 그대로 드러나곤 했다. 어느 날, 서울 모처에서 만나 마음속 고민 하나를 툭 털어놓던 오랜 친구와의 만남이 그러했다. "친구, 주말에 시댁에 가면 시어머니가 같이 살자는 얘기 꺼낼 것 같은데, 나 어쩌면 좋니?" "음…. 나라면 가만히 미소 지으면서, 어머니께 괜한 짐 보태지 않고 저희가 노력해서 살게요, 라고 얘기하겠어" 순간 얼굴에 화색이 돌기 시작한 친구는 "나는 왜 그렇게 말할 생각을 못 했을까?"라고 반색하며 서서히 심리적 부담을 더는 눈치였다. 그런 친구의 모습을 보고 있자니 내게 주어진 또 하나의 선물, 시댁 식구들이 떠올랐다. 감히 '은총'이라 말할 수 있는 최정예 군단. 내게는 이렇다 할 스트레스를 주는 시댁 식구들이 없었고, 언제 만나도 편하게 느껴질 정도로 유연한 관계를 맺고 있었다. 물론, 이 모든 건 중간 다리 역할을 잘해준 남편의 현명함 덕분. 들어봤자 예민해지고 신경 쓰일 만한 얘기는 전달하지도 않았던 맞춤형 서비스가 있었기에 지속 가능한 것들이 많았으리라.

나름의 의미가 있다

요즘 들어서 불쑥불쑥 싹트는 생각이 있다. 내가 힘들고 불편하게 여겼던 것들이 실은 축복이었구나…. 지방에 살면서 내가 누리고 즐겨왔던 것들과 차단되지 않았더라면 지금만큼 독서의 즐거움에 빠져들지 않았을 테고, 내 안에 스며든 활자들이 차고 넘쳐서 글을 쓰고 싶단 생각도 들지 않았을 테지. 어쩌면 교보문고에 가는 것도 능동적인 즐거움이 아니라, 그저 타성에 젖은 습관이 되지 않았을까. 외딴 도시에 살게 된 게 내가 지닌 본질과 어울리지 않는 것들을 걸러내고, 책에 몰입할 수 있는 환경에서 진정한 나를 찾으라는 신호가 아니었나 생각하니, 그간 밀어내고 거부했던 것들이 다시 보이기 시작했다.

언젠가 강연에서 '세상은 내가 원하는 대로 완벽하게 펼쳐져 있고, 우리는 어떤 모습으로 살 것인지 선택만 하면 된다'는 말을 들은 적이 있다. 책 안으로 도피해 '이상'에만 머물러 있다면 들리지 않았을 그 말이, '이건 해야 해!'라고 외치는 마음속 목소리를 따라 움직이고 행동하자 강한 동기부여의 말로 살아 숨쉬기 시작했다. 과오로 얼룩진 나를 포기하지 않고, 어리석은 욕심에서 비롯된 실수에 걸려 넘어지기보다, 삶을 좀 더 나은 방향으로 끌고 가려 했던 노력이 때와 장소를 만나 빛을 발하기 시작한 것이다. 스스로 선한 영향력을 끼칠 수 있는 사람이라 믿고, 실패의 흔적들을 방패 삼아 '이번에도 하다 말게 될 거야. 흐지부지될 거야' 하며 숨지 않으니, 세상으로 나갈 문이 열리고 있었다.

실행이 답이다

최근 확신을 갖고 자주 하는 말, 내년이 기대돼. 지난 10년 동안 시간을 의미 있게 보내겠다는 일념으로 책을 읽고 외국어도 공부했지만, 대게 자기만족에 그칠 뿐 깊은 충만함을 느끼는 데는 한계가 있었다. 잘 쓰인 글을 읽고, 영어나 한자로 가득한 책을 본다 한들 진정 원하는 것을 찾지 못하는 한 끝없이 방황할 수밖에 없었던 것이다. 그러나 작가란 목표를 만나면서 달라지기 시작했다. 주저앉는 일이 생겨도 그럴수록 더 힘을 내서 오늘의 발자국을 남기고, 하기 싫고 미루고 싶은 마음이 길어질 때면 일단 노트북을 열고 보았다. 백 번의 결심보다 한 줄의 글쓰기가 한 단락을 이루고, 한 꼭지를 만드는 첫 단추였던 셈이다.

생각하는 인간에서 행동하는 인간으로 변하자 사람마다 달라 보인다는 말을 많이 했다. 의심과 회의를 버리고 내가 바라는 삶을 담담하게 말하는 모습에서 에너지를 받는다고도 했다. 그런데, 그런 얘기를 듣고도 크게 기쁘거나 들뜨지는 않았다. 당장 사회에 나갈 실력도, 자신도 없을 때는 뭐라도 되는 척 설명하기 바빴는데, 내가 해야 할 일이 생기고 그 일을 최우선 순위에 두고

231

집중하고 나서야 교묘히 감추고 있던 가면이 벗겨지기 시작한 것이다. 스스로에 대한 확신, 자신감은 새해 다짐하듯 마음만 먹는다고 생기는 게 아니었다. 그건, 반드시 직접 부딪쳐야만 알 수 있는, 내 몸으로 직접 통과해야만 가질 수 있는 힘이었다.

평생 해야 할 일을 찾아 올바른 방향으로 나아가고 있고, 느리지만 멈추지 않고 도전하고 있다는 사실에 더없이 행복한 지금. 이제는 타인에게서 즐거움을 찾기보다 내 자체가 내 인생의 뮤즈가 되길 바라고 있다. 안주하려는 마음을 일으켜 세우고, 느슨해지는 정신을 꽉 붙들어 매고 한 걸음이라도 더 나아가려고 노력하다 보면 눈으로 확인 가능한 결과물이 나오게 되겠지. 걱정하고 불안해할 시간에 책 한 권이라도 더 읽고 글을 쓰겠다. 바로 지금이 내 인생의 예술이니까.

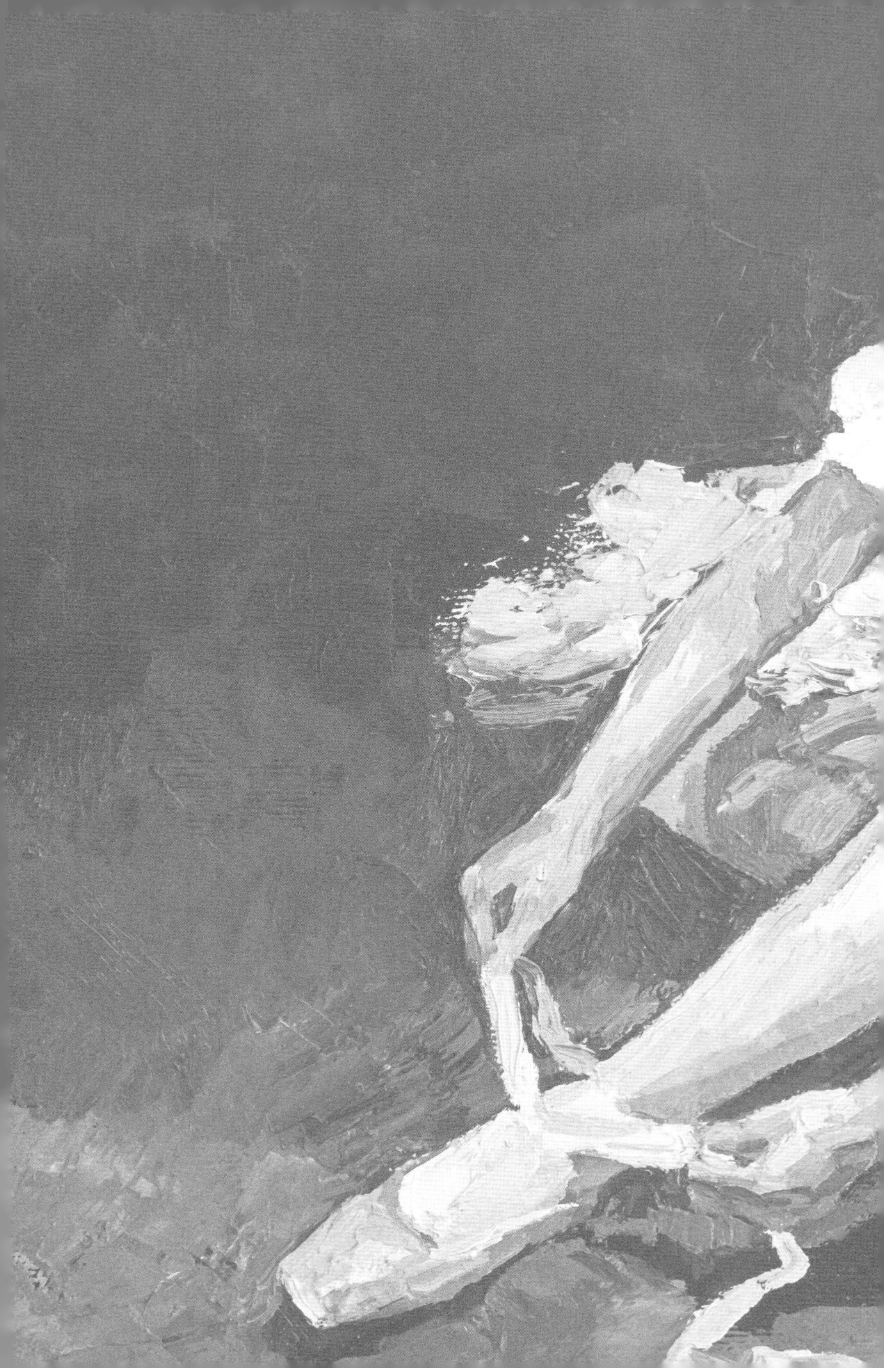

내가 해야 할 일이 생기고 그 일을 최우선 순위에 두고 집중하고 나서야
교묘히 감추고 있던 가면이 벗겨지기 시작한 것이다.

에필로그

'이 책을 내도 될까?'

열 번째 퇴고를 마치고 며칠이 지난 아침. 눈을 뜨자마자 이런 생각부터 들었다. 지극히 사적인 것으로 똘똘 뭉친 남편과의 생활부터 낯선 타인을 향한 예민한 시선까지. 과연 책으로 낼 만큼 가치가 있으며, 내가 나열한 말들을 책임질 수 있는지 가늠해 보았을 때, 본능적인 방어기제가 작동했다. 그건 바로 집필하는 중간중간 스며들었던 물음표 하나 때문. '책 나오고 이혼하고 싶어지면 어떡하지?' 언젠가 독서 모임에서 이 얘기를 꺼냈을 때, 누군가 "개정판 내면 됩니다"라는 한마디로 적절한 처방을 내려 주었지만, 요즘 출판 시장에서 증쇄를 찍는 게 보통 일이 아니란 걸 감안하면, 아직은 조건부 담보 보험에 가까운 셈이었다.

상상이 현실이 된 시작은 〈세계테마기행〉이 방송되는 아침 6시 20분 즈음이었다. 평소 5시에 일어나 6시면 나가던 남편의 출근 시간이 조금씩 늦추어지면서 나의 일상에도 작은 균열이 일어나고 있었다. 나로 말할 것 같으면, 아침에 일어나자마자 밥 먹는 사람. 이른 시간에 먹는 아침이 좋아서 저녁을 덜 먹고, 배고파서라도 일찍 일어나는 사람인데, 식사 동반자로 선택한 건 언제나 〈걸어서 세계 속으로〉, 〈세계테마기행〉, 〈명상 앨범 산〉 같은 나의 유목민 DNA를 자극하는 여행 프로그램이었다. 오로지 이 프로그램을 보며 고요히 식사하기 위해서라도 부지런을 떨었는데, 예고편을 보며 '아~내일 기대된다' 하던 방송이 나오던 그 날, 시작 부분에 살짝 발 담그더니 아예 엉덩이 붙이고 앉아 감탄사를 연발하며 '시청 중'인 그를 보고 있자, 속이 시끄러워지기 시작했다.

"홍, 나 할 말 있어. 나도 루틴이란 게 있어. 자기가 TV 보는 걸 뭐라 하는 게 아니라, 자기가 들쑥날쑥 행동하면 내 일상에도 영향을 주잖아"

하루의 시작을 누구의 방해도 없이, 오롯이 내 몸과 마음의 흐름에 집중하며 열고 싶은 마음은 나만의 작업실, 나만의 공간에 대한 간절함으로 이어졌다. 아무리 일찍 일어나도, 늦어도 5시 반이면 출근할 때 입을 옷 들고 나타나 텔레비전 앞 소파에 걸쳐 놓고 자리를 '찜'하는 사람이 있는 상태에서는 뭘 해도 어정쩡할 뿐이었다. 내가 할 수 있는 일은 기껏해야 정리 정돈이 다였다. 하루는 일어난 지 두어 시간이 지나도록 소모적인 일에만 매달리고 있는 나 자신이 어찌나 야속하던지. '내가 이러려고 일찍 일어난 거야?' 하는 울분이 쌓이면서 비대면, 비접촉 할 수 있는 공간에 대한 열망이 커졌다. 현재 거주하는 아파트 같은 동, 같은 라인에 집이 하나 나오면 내가 매입해 오거니 가거니 지내고 싶단 생각도. 그러니까, 나는, 작업실을 명분으로 '별거'를 바라고 있었던 것이다.

나는 나대로 혼자서 가고 싶다는 마음에 불을 지핀 건 성공하고자 노력하는 남편의 뒷모습이었다. 매일 저녁이면 아이들과 삼인일체가 되어 온 힘을 다해 놀아주던 그가 '목표 100번 쓰기'를 하느라 등 돌리고 앉아 있는 시간이 길어지고, 식사 후 TV 있는 방으로 쏙 들어가는 횟수가 늘어날수록, 못마땅한 마음을 드러내며 남편의 행동을 예의 주시하고 있었다. 그러다 며칠 전, 이제는 평일, 불금, 주말 가릴 것 없이 마셔대는 막걸리 덕분에 음주 후 꼭 먹어야 하는 아이스크림 소비량도 늘어나고 있었는데, 마침 쟁여놓고 꼬박꼬박 먹는 아이스크림이 다 떨어져서 방에 있는 남편에게 "오빠! 나 비비빅 좀 사다 줘"라고 말했다가 마음을 데이는 일이 발생하고 말았다.

심드렁한 낯빛으로 나타나기 전, 말 한마디에 응축된 불만을 드러내는 그. "가만히 있는 사람 왜 건드려!" 이 가시 돋친 대사는 그간 그에게서 들어볼 수 없었던, 부부간 거리 두기 3단계 발령에 준하는 발언이자, 서로의 관계에도 전격 리모델링이 필요하다는 것을 암시하는 말이기도 했다. 자기만의 방, 이제는 각자의 공간을 마련하고 존중하는 것이 행복해지기 위한, 오래 동행하기 위한 필요충분조건임을 인지하는바. 그래서 그런지 최근 책 제목에 '집', '공간'이란 글자가 새겨져 있으면 본능적으로 시선이 갔고, 책을 쓰기 시작한 이후의 다음 여정을 고려하는 내게 던져진 중요한 화두가 되었다. 선택 가능한 모든 시간에 혼자일 수 있는, 그런 공간이 필요했다.

이런 나의 마음이 전해진 것일까. 그래, 가만히 있는 사람 건드리지 말자. 가두지 말자. 네가 무엇을, 어떻게 하든 간섭하지 말자 다짐하고, 평소 나가는 시간에 맞춰 고구마를 삶아 친히 껍질 벗겨서 챙겨주던 다른 날과 달리, 모른 척 알아서 챙겨가게 두었던 그 날. 무슨 급한 용무가 있지 않고서야 전화를 걸지 않는 오전 시간대에 그의 교통사고 소식이 접수되었다. 출근길에 에어백이 터지는 비교적 큰 사고가 나서 집 근처 병원에 입원했다는 말을 들었을 때, 애석하게도 내 입에선 '몸은 괜찮아?' 같은 응당 건넸어야 하는 말들이 나오지 않았다. 놀랐어야 마땅한데, 그보다 '아, 당분간 혼자 있을 수 있겠다'라는 속된 생각이 먼저 파고들었다.

남편이 부재중인 지금이야말로 아침에 일찍 일어나 책 후속 작업을 마무리하고, 한 해를 정리할 적기라 믿었다. 하지만 그토록 집착했던 〈세계테마기행〉은 번번이 놓쳤고, 나의 일상을 규칙적이고 안정적으로 움직이는 건 내 의지로만 가능한 게 아니라, 내가 보듬고 살펴야 할 타인의 존재에서 비롯되고 있음이 새삼 선명하게 다가왔다. 무엇보다, 남편이 없으면 아이들 스스로 이런저런 놀 궁리를 하며 재미있게 보내는데, 아빠만 있으면 자기들과 놀아줄 때까지 목매달고 기다리는 모습이 보기 싫었던 나였건만, 무심코 다가온 적막이 어색하게 다가왔다. 책 속에 빠져 키득키득 웃느라 나를 건드리지 않는 아이들이 고맙고 기특하면서도, 남자 셋이 뭉쳐 총싸움하며 자아내는 소음이, 복작거림이 그리워진 것이다. 겨우, 남편이 입원해 있는, 단 72시간 만에.

아무도 터치하지 않는 혼자 있는 새벽을 원했으나, 진짜 '분리'를 바란 건 아니었다. 자신의 일상을 지키고 싶은 건 남편도 마찬가지일 터. 그래서 그만의 시간을 최대한 지켜주고 싶었는데, 익숙한 집안에 부는 낯선 바람이 왜 그리 싫었는지. 남편이 내 꿈을 응원하고 지지해 주는 과정에서, 느껴지면서도 만질 수 없었던 그의 인내와 배려가 손에 잡히는 실체로 드러나고 있었다. '이 사람, 많이 힘들었겠구나' 하는 자조 섞인 탄식과 함께.

이 책을 쓰는 동안, 성장하고 있다는 기쁨에 충만해 더 멋진 미래의 나를 상상하며 부단히 애쓰기를 멈추지 않았는데, 지금은 바라는 게 조금 달라졌다. 아무리 체력이 바닥나도, 머릿속이 바삐 돌아가더라도, 사랑한다고 말하며 품에 안기는 아이들을 어떤 이유로도 밀어내지 않고, 한 남자와의 원만한 관계 유지를 위해서라도 인정하는 말, 칭찬하는 말, 격려하는 말을 건네는 다정한 사람이 되는 게, 그렇게 행복해지는 게, 2021년을 향해 바라는 나의 소망이다. 남편 없이, 소주 한잔 나눌 사람 없이 먹는 삼겹살은 정말 맛이 없으니까. 그러니, 앞으로는, 우리 모두 무사해 볼래?

걱정하고 불안해할 시간에 책 한 권이라도 더 읽고 글을 쓰겠다.
바로 지금이 내 인생의 예술이니까.

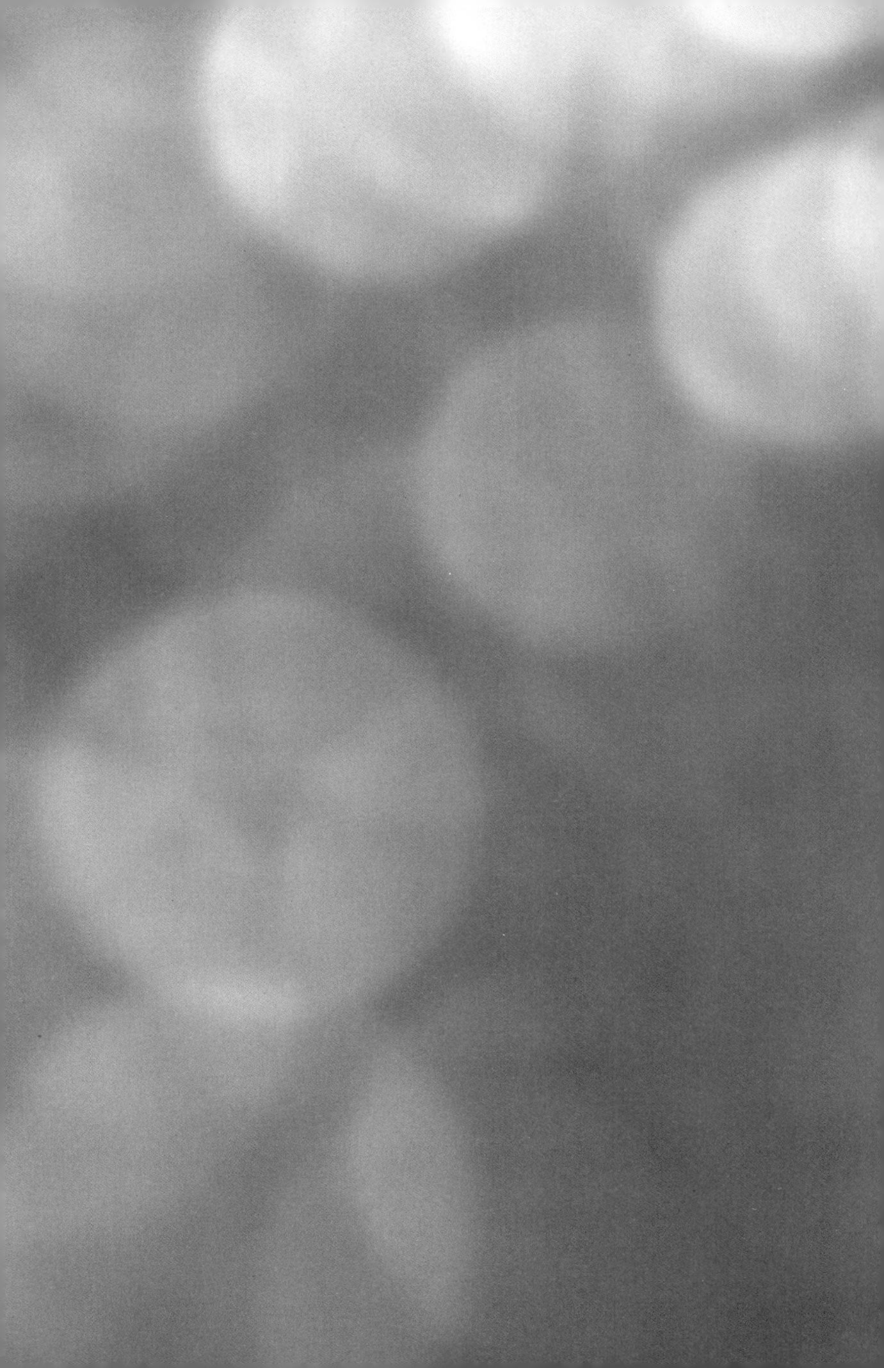